GENEALOGIE DE LA DAME DE PALLY.

en racourci pour éviter la confusion, & autant qu'elle est nécessaire à la Contestation d'entre Elle & le Sieur Loüis - Ignace Baron de Rahier.

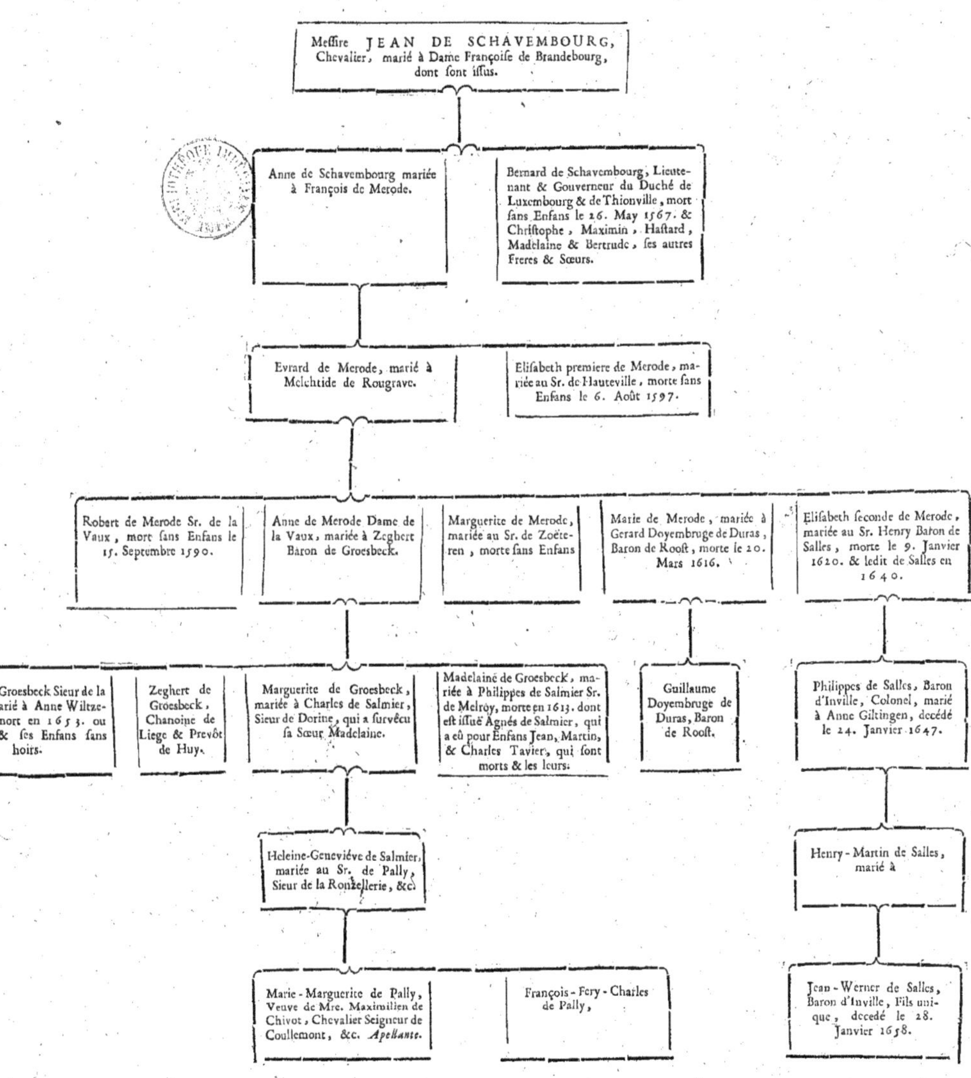

De l'Imprimerie de FRANÇOIS ANTOINE, Imprimeur du Roy.

FACTUM,

POUR la Dame MARIE-MARGUERITE DE PALLY, Veuve de Messire Maximilien de Chivot, vivant Chevalier Seigneur de Coullemont, Dorville, Fosse-à-Lepi, Haut-Courant, Bellerive & autres Lieux, Apellante d'une Sentence renduë au Bailliage de Thionville le 14. Mars 1730.

CONTRE,

Le Sieur Loüis-Ignace Baron de Rahier, Intimé.

N Fief regi par la Coûtume de Luxembourg fait l'objet du Procès; l'Intimé sous prétexte de quelque joüissance veut en être crû le Propriétaire incommutable; l'Apellante soûtient au contraire qu'il n'en est que l'Engagiste, & se presente au dégagement comme la seule héritiere restée de la Ligne dont le Bien procede; cette question purement de fait ne peut trouver sa decision que dans l'examen du Titre de Possession & la qualité des Parties.

Du Mariage de Messire Jean de Schavembourg & de Françoise de Brandebourg sa femme, naquirent sept Enfans, six n'eurent point, ou trés peu de generation; la seule Anne laissa de son alliance avec François de Merode, Evrard & Elisabeth de Merode.

De quelque part que ces derniers eussent recueilli la Terre de Preiche, que ce soit à titre de Succession ou autrement, il est sans contredit qu'elle leur apartenoit de leur vivant chacun pour moitié.

Il n'est pas moins positif qu'Evrard eut de Melchtide Rougrave sa Compagne cinq autres Enfans; sçavoir, Robert, Anne, Marguerite, Marie & Elisabeth seconde du nom.

Robert decéda sans posterité, & des quatre Filles, Anne épousa Zeghert Baron de Groesbeck, dont est descenduë la Dame Apellante; Marguerite, le Sieur de Zoëteren ; Marie, Gerard de Duras Baron de Rooſt, auquel l'Intimé raporte ſes droits, & Eliſabeth ſeconde, Henry de Salles.

Cela ſupoſé, c'eſt encore un autre fait dont on eſt d'accord, qu'Evrard de Merode en mariant ſa fille au Sieur de Zoëteren lui conſtitua en dot ſa moitié dans la Terre de Preiche, & qu'Eliſabeth premiere fit don par Teſtament de la ſienne à Eliſabeth ſeconde ſa Niéce, Epouſe à Henry de Salles.

Mais ce Teſtament ne fût point ouvert, que cette derniere en retroceda le Benefice à prix d'argent à Marguerite ſa Sœur, femme au Sieur de Zoëteren, qui réünit par là le tout en ſa perſonne, & en a joüi de la ſorte juſqu'à ce que les Barons de Groesbeck & de Rooſt ayans impugné la liberalité d'Eliſabeth premiere & ſoûtenu aux droits de leurs Enfans, héritiers d'Anne & Marie de Merode leurs mere, qu'elle n'avoit pû dans l'eſprit de l'ancienne Coûtume de Luxembourg diſpoſer d'un Bien noble en faveur d'une ſeule de ſes héritieres au préjudice des autres, il intervint Arrêt à la Cour de Malines le 15. Juillet 1645. qui leurs ajugé moitié dans la Succeſſion féodale de cette même Eliſabeth, ou ce qui va au même, un huitiéme chacun dans la totalité de la Terre de Preiche.

Tel eſt de l'aveu de la Partie adverſe même, le premier droit de la Maiſon de Groesbeck ſur cette Terre ; voicy quels ſont ceux qui lui ſont accrûs dans la ſuite.

Perſonne ne conteſte que dans l'interval du Procés de Malines, Marguerite de Merode femme au Sieur de Zoëteren ne ſoit decedée ſans Enfans, & comme par ſon Contrat de Mariage, Piéce premiere de la Production de l'Apellante, ſes Biens devoient retourner en ce cas à la Ligne dont ils étoient provenus, ce qui étoit de droit indépendamment de cette obſervation, & qu'elle n'avoit pû laiſſer d'ailleurs des Parens plus proches de cette Ligne, qu'Anne, Marie & Eliſabeth ſes trois Sœurs ; point de doute que les deux premieres n'ayent dû être de nouveau ſaiſies à l'inſtant de ſa mort, de deux autres huitiémes chacune dans les ſix qui lui étoient reſté de la Terre de Preiche, leſquels joints à celui que leurs alloüe l'Arrêt de Malines, en faiſoient déja inconteſtablement trois pour elles, à la difference d'Eliſabeth, qui fut purement réduite aux deux qui lui revenoient dans cette derniere héredité, au moyen de la Vente qu'elle & Henry de Salles ſon mari avoient fait à la Dame de Zoëteren d'une partie de l'inſtitution dont les avoit gracieuſé Eliſabeth premiere leur Tante.

Rien de plus net & de plus intelligible, que cette répartition dictée par la nature même ; cependant on ne ſçait par quel travers l'Intimé oſe d'abord mettre en avant qu'à la mort de la Dame de Zoëteren toute ſa Succeſſion paſſa à la ſeule Eliſabeth, Epouſe d'Henry de Salles, & que dit-on d'abord pour prétexter cette imagination, deux choſes également frivoles & erronées, la premiere, que lors de l'ouverture de cette Succeſſion il n'y reſtoit des quatre filles d'Evrard de Merode que cette Eliſabeth qui avoit dû conſequemment exclure les heritiers qui pouvoient exiſter alors en un degré plus éloigné ; la ſeconde, que l'intelligence intime qui avoit toûjours régné entre les Maiſons de Zoëteren & de Salles ne permettoit point de douter que celle de Zoëteren n'eut encore fortifié les droits naturels de l'autre de quelque diſpoſition teſtamentaire.

Deux mots vont mettre ſous les yeux de la Cour tout le vuide de cette pensée, & en effet qu'Elisabeth ait survécu seule Marguerite, ou que cela ne soit point arrivé; quoi de plus indifferent & de plus inutile à rechercher, s'il est une fois constaté qu'Anne & Marie avoient laissés des enfans qui venoient par representation avec leur Tante, aux termes de l'article 10. du titre des Successions *ab intestat* de la Coûtume de Luxembourg: or c'est ce qui se justifie d'une maniere sans réplique par les qualités de l'Arrêt de Malines, où l'on trouve qu'en même tems qu'Ernest de Groesbeck, l'aîné de ceux d'Anne de Merode, agissoit tant pour lui que pour toute sa famille, la posterité de Marie procédoit à mêmes fins sous l'autorité de Gerard de Duras son Auteur.

L'on a prévû cet éclaircissement, & l'on a crû y répondre à tout évenement, en insinuant que quand la Coûtume nouvelle du Duché de Luxembourg inclineroit pour la representation; ce ne seroit point une raison pour conclure que l'ancienne qui étoit encore en vigueur lors du décez de la Dame de Zoëteren eût été dans le même goût.

S'il y avoit quelque difference à faire entre l'une & l'autre, qui a empêché l'Intimé de l'établir tout de suite par l'oposition des deux textes contraires; & à qui étoit-ce à se charger de ce soin qu'à celui qui en excipoit? il y a plus, & comment a-t'on pû même avanturer l'objection à la vûë de l'Arrêt précedemment cité? où l'on a dû remarquer que la question avoit été jugée *in terminis*, en ce que quoique rendu en 1645. & du régne par consequent de l'ancien Droit Coutumier, il n'avoit pas laissé d'admettre concurremment à la Succession d'Elisabeth premiere, & les Enfans d'Anne de Merode, & Elisabeth seconde leur Tante avec qui, & du vivant de laquelle les qualité du même Arrêt certifient que la contestation avoit été commencée.

Voyons donc si l'on aura mieux réüssi du côté de la prétenduë disposition testamentaire; premierement où est cette disposition? & suffit-il qu'il ait plû à l'Intimé de la présumer pour en être crû; secondement, de quel usage eût-elle même été & l'Arrêt de Malines, en annullant, comme il a fait la donation partiale d'Elisabeth premiere? ne porteroit-il pas encore aujourd'hui la réprobation de celle que l'on attribuë sans fondement à la Dame de Zoëteren, quand il pourroit se faire qu'on la fit paroître.

L'Intimé intimement pénetré de la solidité de ces réflexions, croît supléer par la production qu'il fait de deux Actes antiques, dans lesquels il se lit véritablement qu'Henry de Salles, Mari d'Elisabeth seconde, & Claude, & Philippe ses Enfans, firent entre eux certains ajustemens les 29. Janvier 1624. & 15. Juin 1631. ensuite desquels on voit que Preiche fut abandonné à Philippe; preuve, dit-on, qu'il falloit que les Transigeans y eussent succedé de quelque maniere que ce fut, pour pouvoir en disposer.

Pour fonder cette consequence, il semble que c'eût été regulierement un préalable de justifier l'ouverture de cette Succession au tems, où l'on prétend la raporter par ces Actes; car quoique l'on soit convenu que la Dame de Zoëteren étoit decedée avant la decision de la Contestation agitée à la Cour de Malines, ce n'est point à dire que cela soit arrivé précisement en 1624. ny en 1631. y ayant encore une distance de quatorze ans entre cette derniere année & celle où l'Arrêt est intervenu, pendant une partie de laquelle il y a bien de l'aparence qu'elle & son Mari ont pû vivre; quoi que quand il en seroit autrement, ce ne seroit point par un fait particulier à la Maison de Salles, tel que celui-cy, qu'il faudroit juger des prérogatives qu'on voudroit lui attribuer sur des Co-héritiers que la Loi du sang apelloit comme elle à une héredité commune : Qui nous garantira même la foi de ces Actes privés, chargés depuis plus d'un siécle de signatures & de caracteres inconnus, en tout cas passés dans le sein d'une Famille, qui pouvoit chercher dés-lors à se faire des Titres à elle-même? s'il étoit permis d'admettre des preuves de cette nature, quel renversement n'en arriveroit-il point dans l'ordre de la societé civile; on dit que par la Coûtume de Luxembourg, Titre 6. article 4. il est permis au Gentilhomme d'engager son bien sous sa signature & son cachet; cela est vrai, mais dans quel sens, à l'effet seulement continuë l'Article, qu'il ne faloit point diviser de le dispenser des formalités qu'attache précedemment cette Coûtume aux ventes & aliénations ordinaires; ainsi point de difficulté que de ce Gentilhomme à son Acquereur, il ne soit pour exemple besoin pour valider sa vente, ni de transport pardevant le Justicier, ni de ce qu'elle apelle en terme synonime, œuvre de Loi, & que sa signature privée ne suffise pour saisir ce même Acquereur d'une proprieté qu'il n'obtiendroit en tout autre cas que par la voye de ces solemnités; c'est ce que veut dire le texte, & que cela soit à la bonheur; mais que ce seing privé soit tiré de son espece pour être proposé en Justice contre un tiers comme un modele de croyance, sans autre certification ni jonction de pieces probantes, par lesquelles on puisse au moins comparer des écritures de cent ans de dates, & que leurs prétendus Auteurs désavoüeroient peut-être, s'il étoit possible qu'ils vécussent; c'est ce qui répugne, & ne s'accorderoit qu'avec circonspection à une personne même revêtuë d'un caractere public, après un si long interval.

D'ailleurs quelle contradiction, pour ne point dire quel galimatias ne se rencontre point dans cette production, par la transaction du 29. Janvier 1624. c'est toute la parentelle de Philippe de Salles rassemblée, qui le répartage de la Terre de Preiche pour sa portion filiale dans la succession d'Elisabeth de Merode sa mere, l'en voilà donc à ce dire, en pleine possession dès ce moment; cependant qu'on consulte l'accord de 1631. l'on y trouve tout au contraire que cette Terre n'étoit point sortie jusques là des mains d'Henry de Salles son Pere, qui la lui donne seulement six ans après, non plus comme son contingent dans la succession maternelle; mais en contr'échange de celle de Landaville; au quel de ces deux énoncés differens ajoûtera-t'on foi? ou plûtôt l'exhibition de l'un n'est-elle pas réciproquement la réfutation de l'autre.

Mais il n'étoit pas précisement besoin de ces remarques, & par quel aveuglement s'est-on porté à mettre au jour des Piéces, qui toutes méprisables qu'elles soient par leur forme, militeroient contre l'usage même qu'on s'est proposé d'en faire à supposer pour un moment leur sincerité; en effet l'on passera si l'on veut sous silence la Promesse que font dans celle de 1624. les Freres de Philippe de Salles, de l'indemniser en cas d'éviction de la part des Barons de Groesbeck & de Roost, par raport au quart qu'ils poursuivoient alors dans la Succession noble de l'ancienne Elisabeth née de Merode; premier aveu quoique tronqué, que l'on avoit néanmoins déja des Co-propriétaires sur la Terre de Preiche; mais que porte l'échange du 15. Juin

1631. que Henry de Salles ne cede ce Domaine à Philippe son Fils, qu'aux conditions de certains articles convenus entre les Parties au Château de Boüillon le 8. Decembre precédent qui seroient annexés.

Ces articles, contenoient specifiquement suivant l'idée qu'en donne la suite de cet Acte, les droits de chaque prétendant en particulier, sur la Terre échangée, & l'on voit même qu'il falloit si bien que ceux des Groesbeck & des Roost y fussent exactement compris, que Henry de Salles en stipulant finalement de sa part la garentie de ce qu'il abandonnoit à Philippes, envers & contre tous, les en excepte formellement, en disant que cette garentie seroit sans tirer à consequence, pour ce qui regarde l'endroit des articles dont on vient de parler, où il étoit fait mention de ce qui interessoit ces Seigneurs en partie, ce qui valoit autant que de reconnoître ouvertement qu'ils avoient qualité pour revendiquer, & qu'il ne prétendoit se charger ny près ny loin de cette recherche.

Cela supposé, on demande que sont devenus ces articles, car enfin s'ils bornoient de nouveau les Groesbeck & les Roost au quart rapellé dans la Transaction de 1624. quoiqu'il fut aisé de se défendre de cette limitation, par la seule raison qu'un fait étranger, & frauduleusement concerté contre un tiers, ne sçauroit lui nuire en aucun tems, manqueroit-on de les produire comme il est arrivé de cette Transaction, & la suppression volontaire que l'on en fait dans ces circonstances, n'indique-t'elle pas à vûë de pays, qu'il falloit qu'ils fussent portés à leur mesure legitime, & que Henry de Salles Pere qui avoit d'un côté un interêt sensible de ne point se commettre, & qui pouvoit de l'autre favoriser les projets iniques de ses Enfans, avoit pris ce biais de s'assurer par un Acte secret tel qu'étoient ces articles, de tout ce qu'il ne vouloit point exposer à plein dans un Contrat d'échange, qu'on seroit peut-être un jour obligé de produire à la lumiere de la Justice; en un mot, il y a dans cet échange, rapel exprés des Maisons de Groesbeck & de Roost, on ne sçauroit même douter qu'elles n'ayent été avec celle de Salles, en parité de degré à la Dame de Zoëteren, & tout le tems qu'il ne paroîtra rien icy qui les excluë précisement de sa Succession; ce démembrement d'une Piéce qui devoit régulierement faire un seul & même corps avec le Titre énonciatif, s'interpretant de nouveau en leur faveur, c'en est plus qu'il ne faut pour achever de convaincre que les Salles n'ayans dû avoir que leur portion comme les autres dans les Biens délaissés par la Dame de Zoëteren, l'on doit croire pieusement que ce qu'ils ont affecté de nommer par tout la Terre de Preiche, n'étoit qu'un vain Titre d'ostentation qu'ils donnoient gratuitement, comme il se pratique encore frequemment de nos jours, aux deux huitiémes aux quels ils ont été perpetuellement bornés, quoyque la Dame Apellante n'ait prétendu entrer dans cette discussion que par exuberance, & qu'elle s'en tienne capitalement à l'insuffisance des deux Actes suspects qui ont engagé cette explication.

Mais continuë-t'on, nous avons quittance publique, qui justifie que ce furent Henry de Salles & les siens qui affranchirent Preiche en 1646. de cinquante-cinq mille frans barrois dont il étoit chargé envers la Dame d'Haraucourt: ce qu'ils n'eussent eû garde ajoûte-t'on de faire si le fond ne leur eût apartenu.

On a vû cette quittance, & l'on n'y rencontre nulle part le sens que l'on lui prête ; non, que l'on n'y reconnoisse que les Salles Pere & Fils n'en ayent veritablement éteint le montant à differentes reprises, mais pourquoi, & en quelle qualité l'ont-ils fait, l'Acte le détermine, à l'occasion de certaine restitution de fruits injustement perçûs par Elisabeth premiere leur Tante sur des Biens étrangers, & ce qui tranche, comme les seuls héritiers mobiliers de cette femme ; heredité qu'ils n'ont pû accepter sans s'obliger à en payer toutes les charges, qui n'ont rien pour cela de commun avec celle de la Dame de Zoëteren la derniere Propriétaire du Domaine de Preiche, dont la posterité des Barons de Groesbeck prétende tenir jusques-là tous ses droits.

L'Intimé qui ne sçait se rendre, insiste, & fait sa derniere ressource de ce que l'Arrêt de Malines intervenu contradictoirement avec la Maison de Salles, n'ajuge à celles de Groesbeck & de Roost qu'un huitiéme chacune à Preiche, d'où il infere à son ordinaire, que la premiere des trois a dû rester maîtresse de l'excedent.

Il semble que l'on se complaise à s'abuser en toute chose ! quel étoit le cas de cet Arrêt, l'on l'a déja dit ? Elisabeth premiere qui joüissoit originairement de cette Terre conjointement avec Evrard son Pere, avoit donné à Elisabeth seconde sa Niéce Epouse de Henry de Salles, la moitié qui lui en revenoit ; celui-cy l'avoit vendu depuis aux Sieur & Dame de Zoëteren possesseurs de la contre-partie à titre de dot ; ces Acquereurs inquietés par les Barons de Groesbeck & de Roost au sujet de cette vente, apellerent leurs Vendeurs en garentie ; ces Vendeurs chargés par ce recours du faix & de l'évenement de la Contestation, s'opiniâtrerent à soûtenir jusques au bout, & de Pere en Fils la validité de la donation d'Elisabeth premiere, laquelle enfin annullée par l'Arrêt de Malines purement & simplement, & sans qu'il y ait jamais eû d'autres difficultés entre les Parties ; n'est-il pas du dernier ridicule de porter l'effet de cette annullation au-delà de sa cause, c'est-à-dire de vouloir qu'en viciant la donation d'Elisabeth premiere dont il étoit uniquement question, elle ait en même tems decidé du sort des Biens de la Dame de Zoëteren dont il ne s'agissoit pas.

Tout ce que l'on pourroit joindre à ce simple récit seroit de trop, & ne feroit qu'en énerver la force naturelle ; concluons donc que la Succession de cette derniere, étant demeurée dans les termes ordinaires malgré la Contestation de Malines, & rien ne prouvant qu'il y ait eû ny renonciation du chef des Groesbeck & des Roost, ny disposition dérogeante à la loi qui les y admettoit concurremment avec les Salles ; la division qu'en a fait la Dame Apellante entre les trois Maisons survivantes, est également juste & sans réplique.

Cependant on ne dissimulera point qu'il n'y ait quelque aparence que Philippe de Salles, qui avoit repris l'Instance de Malines à la mort de Henry son Pere, ne se soit emparé depuis l'Arrêt rendu en 1645. de toute la Terre de Preiche qui en faisoit partie, & ne s'y soit maintenu le reste de ses jours par le droit du plus fort, & cela, soit en haine d'une contestation de quarante ans, soit comme il n'est pas moins probable qu'il abusat de l'absence de ses Co-héritiers, qui avoient fixé dés long-tems leurs demeure, les uns dans le fond de l'Artois, les autres dans des Provinces encore plus éloignées; quoiqu'il en soit, on fera voir en son lieu que cette usurpation n'eut pû lui donner de prise sur aucun d'eux, & par sa brieveté, & au préjudice des reconnoissances geminées que ses Freres & lui avoient fait par la Transaction & le Contrat d'échange, dont on a eû l'occasion de parler précedemment, dès 29. Janvier 1624. & 15. Juin 1631. étant de principe, & l'Intimé le posant lui-même en plus d'un endroit de ses Ecritures, qu'encore qu'une Piéce produite ne puisse faire foi par elle-même, cela n'empêche point que la Partie à qui l'on l'oppose ne soit en droit d'en argumenter contre le produisant.

Enfin Philippe decedé & toute sa generation de l'aveu des Parties, dès l'année 1658. l'on a lieu de croire que le Sieur Baron de Rouvroi Créancier de ceux de Groesbeck, qui avoit pris récemment contre eux en 1655. une Sentence d'immission, se presenta pour user du benefice de cette Sentence, que la Dame Apellante a mise au Procés.

On doit dire icy, que l'effet de ces sortes de condamnations est dans l'usage du Pays de Luxembourg, d'en authoriser le Porteur faute de payement, à prendre possession des Biens de son débiteur, pour en joüir jusqu'à l'extinction de la somme; ensorte qu'il ne faut regarder ces possessions, que comme de vrais engagemens, qui ne peuvent par aucun laps de tems que ce puisse être, acquerir au Possesseur aucun droit de proprieté sur le fond.

Mais si les Groesbeck avoient contracté des dettes pour soûtenir l'éclat de leur naissance, s'ils avoient contre eux des titres de cette espece, les Salles & peut-être les Roost étoient dans le même cas; & comme il n'étoit gueres possible que tant de Créanciers conciliassent des interêts inégaux, & pussent posseder de concert une même chose apartenante à differentes personnes; l'on seroit en état de poser en fait, si cela étoit de quelque decision, que dans ce conflit, tous les Biens du Luxembourg apartenans par indivis aux débiteurs, furent en consequence d'une direction convenuë mis en baux judiciaires, qui de trois ans à autres se prorogerent jusqu'en 1667.

Dans ce nouvel interval les Chefs de Famille malheureusement decedez, l'on conçoit aisement que leurs descendans tous gens d'épée, ordinairement peu versés dans ces sortes de connoissances, ceux-cy restés en minorité, ceux-là indispensablement attachés à leurs fonctions militaires, purent perdre insensiblement jusqu'au souvenir d'un Bien, dont tant d'incidens enchaînez les uns aux autres, n'avoient pas même permis qu'ils pussent voir joüir leurs Peres.

Ce fut encore dans ces circonstances critiques que le nommé Jean Osbourg & Anne Mathelin sa femme créanciers particuliers des Barons de Salles de 4000. Patacons, & qui n'avoient, on ne sçait par quel motif fait aucun mouvement jusques-là, voyant aparemment la direction de ceux qui les avoient devancé prête à revoir sa consommation, saisirent ce moment de réveiller une autre Sentence d'immission, que l'Apellante a pareillement jointe à son Sac, obtenuë par leurs Auteurs depuis 1629. & sans s'embarasser beaucoup si Preiche apartenoit entierement à leurs débiteurs ou non, après avoir fait rafraichir leur titre vers le milieu de 1667. s'attacherent à ce morçeau, comme à celui sur lequel ils se croyoient le plus à portée de récuperer leur dû.

Dans l'oubli où étoit cette Terre, en proye depuis vingt ans, ou à des usurpateurs ou à des créanciers, personne ne s'avisa de le croiser, & lui ou les siens l'occuperoient peut-être encore, si Gilles-Ferdinand Baron de Rahier, Oncle de l'Intimé, l'homme de son siécle le plus actif & le plus ardent, maître de quantité de beaux Biens qui avoisinnoient celuy de Preiche, & jettant un œil jaloux sur la possession d'Osbourg & de la Mathelin, n'eût enfin conçû en 1685. le dessein de le tirer de leurs mains pour en aggrandir son Domaine.

Des Propriétaires absens & alors en quelque sorte inconnus, un simple Créancier possesseur, & qu'il étoit aisé en tout cas d'intimider ou de gagner, tout sembloit conspirer à ce coup de main, il n'étoit donc question que d'y chercher un prétexte aparent, & la cupidité de Gilles Ferdinand ne tarda pas à lui faire recouvrer entre autres lumieres une expedition de l'Arrêt de Malines.

Muni de cette Piéce il y remarque pour surcroît, que Marie de Merode avoit épousé un Gerard de Duras Baron de Roost, dont le nom de famille consonnoit parfaitement à celuy de la Dame sa Femme, quoique si elle fut jamais de cette Maison, il sera facile de convaincre la Cour lorsqu'on en sera là, que ce ne pouvoit être, que par une Branche toute differente de celle alliée aux Merodes.

Cette nouvelle rencontre étoit trop heureuse pour la négliger, & sur cet allignement il assigne bien vîte Jean Osbourg en désistement du huitiéme ajugé par cet Arrêt aux Barons de Roost, dont il ne manque pas de se proposer désormais pour l'héritier unique aux droits de la Dame son Epouse.

On sent qu'un peu de résistance l'eut promptement démasqué, mais il n'avoit encore une fois qu'un Créancier en but qui pouvoit trouver son compte à seconder ses vûës; à regarder même sainement cette démarche, elle étoit moins une poursuite effective qu'un préparatif à la composition, où l'on vouloit l'amener.

La suite répondit à cette pensée, Osbourg à peine assigné, transige le 9. Juillet 1685. & comment, c'est ce que la Cour est supliée de peser, comme l'endroit le plus important de la Contestation.

Pour cela, qu'elle ait la bonté de réflechir, que si l'action de Gilles Ferdinand avoit eû la moindre vrai-semblance, & qu'il y eut quelque réalité dans les qualités qu'il y avoit fait prendre à Anne Marie de Duras, c'étoit le véritable moment de s'en prévaloir, l'on n'a même jamais douté qu'une Transaction ne soit une espece de jugement domestique, qui doit toûjours à l'instar de ceux qui se rendent judiciairement, se raporter à la demande libellée qui a pû la préceder, sans quoi ce n'est plus sur cette demande qu'on transige, c'est un nouveau genre d'affaire accordée entre deux Parties, qui s'entrecedent une chose pour une autre, cela n'a besoin pour s'apuyer, que de la simple proposition; cependant, & c'est ce qui paroîtroit incroyable si l'Apellante n'avoit elle-même produit cette Transaction publique en bonne forme; Il n'est pas même question en celle-cy, ny de la Dame de Duras, ny de la prétention qui faisoit l'objet de son assignation; en un mot ce n'est plus cette femme, ce n'est plus une héritiere pretenduë de la Maison de Merodes qui agit en vertu de l'Arrêt de Malines, c'est Gilles Ferdinand

seul

feul qui parle, qui négocie perfonnellement avec Ofbourg & fa femme; enfin qui fe fait paffer un tranfport de leurs droits, non plus fur un huitiéme, mais fur la totalité de la Terre de Preiche, & fous la rétribution de toute la fomme qui leurs étoit originairement dûë, y a-t'il même en cela l'ombre d'un retrait, & depuis quand, un Propriétaire qui affranchit un héritage s'avife-t'il de prendre ceffion d'une fomme qu'il acquitte pour lui-même ?

On répond que ce Domaine étant un ancien Patrimoine de la femme de Gilles Ferdinand reverfible à ceux de fa Ligne en cas de mort fans difpofition contraire, ce fut pour fe précautioner contre l'incertitude de cet évenement, & fe mettre en état de récuperer contre fes Succeffeurs ce qu'il débourceroit à Ofbourg qu'il fit ftipuler ce Tranfport des droits de ce dernier.

Rien de moins fpecieux que ce mauvais détours; premierement de quel droit Gilles Ferdinand eut-il entrepris de s'aproprier par là toute une fomme de deniers tiré de fa Communauté, & dont il n'eut pû fuivant l'article 3. du titre 8. de la Coûtume de Luxembourg fe faire indemnifer que de moitié, fupofé que cette indemnité n'eut point été remplie par la joüiffance qu'il a confervé de cette Terre depuis 1685. jufqu'en 1699. qu'il eft mort.

Secondement, s'il retiroit au nom de fa femme, quoi de plus aifé que de concilier fes interêts avec cette énonciation, pourquoi ne point le dire, pourquoi fupprimer jufqu'à l'Affignation rifquée d'abord fous le nom de cette femme, il faut avoüer qu'il y a dans tout cela bien du myftere, & quel peut être ce myftere, fi ce n'eft que [illegible] reconnoiffant lui-même la fauffeté du prétexte dont il s'étoit fervi pour amener les chofes jufques-là il avoit eû pudeur d'en laiffer un monument publique, & n'avoit pas fait de façon de dépoüiller un caractere emprunté, fi-tôt qu'il avoit vû que fa proye ne pouvoit plus lui échaper.

Gilles Ferdinand n'en demeura pas à cette contradiction, le titre de Jean Ofbourg & Anne Mathelin fa Femme, étoit comme la Cour l'a entendu, une ancienne Sentence d'immiffion émanée du Confeil de Luxembourg; cette Sentence que la Dame Apellante a jointe à la Production nouvelle qui accompagne fes griefs, ne portoit pas une permiffion indéfinie à leurs Autheurs de joüir des Biens qu'ils trouveroient libres, mais feulement jufqu'à rata de leur dû; termes effentiels & d'autant plus remarquables, que dans la Jurifprudence Coûtumiere de cette Province ils emportoient de droit une imputation de fruits, que les Acquereurs euffent pû s'aproprier fans cette claufe.

Rien n'étoit dont plus naturel, que de commencer par exiger ce compte, pour peu qu'on fut dans la bonne foi, il étoit même affez intereffant pour cela, puifque c'étoit bien le moins que la joüiffance de dix-neuf à vingt ans d'une Terre auffi confiderable que celle de Preiche eut pû produire, que d'avoir éteint le capital, mais cette recherche toute legitime qu'elle fut, eut pû foulever la bile d'un Créancier qu'il importoit de ménager, il falloit dont lui prefenter un appas, & dans cette vûë non content de ce premier relâchement exceffif, on lui compte encore bien vîte fes 4000. Patacons.

L'Apellante qui a pouffé par fes dernieres Ecritures le raifonnement où il peut aller fur ce point, finira d'autant plus volontiers fur ces obfervations decisives, qu'il en résulte plus qu'il ne faut pour conclure; que de quelque sens qu'on veuille envisager Gilles Ferdinand dans ces circonstances, il ne passera jamais jusques là, que pour l'Acquereur particulier d'un Titre precaire, qui n'a pû lui conferer plus de privilege que n'en avoit son cedant; l'abandon qu'il a fait de son action originaire par le Transport dont s'agit, les termes même de ce Transport, tout y est formel, & ce que l'on ne peut se dispenser d'ajoûter en cet endroit, c'est que lui-même n'en est jamais disconvenu de son vivant, qu'il y a de plus Arrêt qui l'a déterminé de la sorte.

Pour en convaincre la Cour, elle permettra encore à l'Apellante, sous son bon plaisir, le récit succint de l'affaire qui donna lieu à cet aveu.

Un certain Schoüman ayant du tems d'Osbourg & d'Anne Mathelin sa femme commis quelques dégradations dans les Bois de Preiche, Gilles Ferdinand de Rahier nouvellement intrûs, si l'on peut égaler ce terme à la matiere, le fit assigner en 1688. en réparation; ce Particulier aprés avoir succombé dans une premiere Justice Champêtre à la devotion de sa Partie, porta son apel au Conseil de Luxembourg, & lui soûtint que n'étant qu'un Seigneur Engagiste, non plus que son Prédecesseur, il ne pouvoit faire remonter ses recherches au-delà de son régne; Gilles Ferdinand passa le principe pour la plus forte partie, mais il excipa précisement par ses réponses à griefs du 10. May même année 1688. & c'est ce que la Cour est très humblement suppliée de prendre, de ce qu'il joignoit à sa qualité de Cessionnaire, celle de Propriétaire pour le huitiéme ajugé, disoit-il, à la Dame son Epouse par l'Arrêt de Malines de 1645. qui lui donnoit action, pour demander au moins proportionnellement l'indemnité des abus qui avoient pû tendre à la déterioration du fond, nonobstant quoy Sentence du 10. Juillet 1688. confirmée par la Cour même le 21. Janvier 1689. qui s'allignant sur le transport fait par Osbourg en 1685. & qui ne fait mention ny de cet Arrêt, ny de la Dame Anne-Marie de Duras, mit les Parties hors de Cour & de Procés, préjugeant par là sans distinction du huitiéme prétendu, pour l'engagement general.

Toute cette Procédure compose la cinquiéme Liasse de la Dame Apellante, & l'Intimé qui en a senti tout le poids, a eû grande attention de couler legerement à côté, comme il a fait par dessus tout le reste, pour s'accrocher à des objets étrangers, qui lui donnassent matiere d'écarter le véritable point de la question.

On ne l'imitera point, & pour le raprocher au contraire de plus en plus, après avoir exposé comment, & à quel titre la Terre de Preiche est parvenuë de main à autre à Gilles Ferdinand de Rahier; il reste à examiner pour l'ordre du fait, ceux à l'aide desquels elle peut avoir été transmise à l'Intimé son Neveu.

Le premier qui se trouve, est une maniere de donation entre vifs, avec simple rétention d'usufruit, par laquelle Gilles Ferdinand & Anne-Marie de Duras, manquans d'Enfans, firent en l'année 1689. ceux du Sieur Baron de Rahier de Villers-aux-Tours, frere à Gilles Ferdinand, leurs donataires universels.

Du nombre de ces Enfans étoit l'Intimé, mais c'est un autre point de la Coûtume de Luxembourg, que cette disposition étant presque toute de biens féodaux, avoit besoin pour se soûtenir, au moins par raport à Anne Marie de Duras, d'être revêtuë d'un transport fait aux termes de l'article 1. du titre 5. & de l'article 2. du titre 6. pardevant la Justice du Lieu, autrement les Seigneurs ou Officiers de la Cour dont ces Biens étoient mouvans.

Cette formalité & quelques autres rigoureusement prescrites n'avoient point été observées, car vainement a-t'on glissé depuis peu dans le Sac de l'Intimé un Extrait de cette donation, où l'on voit au bas une espece de réalisation dattée de 1714. premierement cette nouveauté est trés suspecte par celle de l'encre & des caracteres tout récens qui la composent, & puis sans vouloir aprofondir icy si une simple réalisation faite à Preiche eut suffi; si celle-cy avoit été faite à tems, ou si elle étoit surannée, toutes questions qui eussent été préliminaires en tout autre cas, à quoi bon avoir fait réaliser seulement en 1714. un Acte passé en 1689. & ce qu'il y a de plus singulier, supprimé du consentement des Parties interessées dès l'année 1700.

En effet, (& c'est où l'Apellante vouloit en venir, lorsqu'elle a crû devoir interrompre le fil de sa narration par cette digression;) il est certain que Gilles Ferdinand étant decedé au commencement de cette même année 1700. Anne-Marie de Duras sa Veuve, qui ne s'étoit vrai-semblablement portée à gratifier une Famille étrangere de ses Biens, que par la force de l'impression maritale, ne se vit pas en liberté, qu'elle mit en œuvre tout ce que la Coûtume lui offroit de nullités pour faire tomber sa donation; le Sieur de Villers-aux-Tours Pere de l'Intimé prévit qu'il ne pourroit parer le coup, & tout ce qu'il put faire pour le rendre moins accablant, fut d'amener doucement Anne-Marie de Duras à une Transaction, par le moyen de laquelle en se relâchant d'une partie, on pût au moins gagner le reste.

Cela se fit le 20. Septembre 1700. l'on reproche à la Dame Apellante qui a eû le bonheur de recouvrer une expedition de cette Piéce, pour la joindre à sa Production nouvelle, que cette expedition n'est point legalisée.

Fut-elle de la figure la plus informe, sieroit-il à l'Intimé de méconnoître pour cela l'ouvrage de feu son Pere, pour ne point dire le sien propre, mais y pense-t'il bien d'objecter ce défaut de legalisation, il n'a point aparemment fait attention que cette Transaction étoit en forme judiciaire, & qu'en ce cas pour rendre une expedition probante, il suffisoit régulierement qu'elle fut munie du seing de l'Officier commis à la délivrance des decisions du Tribunal, où cette même Transaction a pû passer en force de chose jugée; telles étant les prérogatives des Actes de cette nature, lorsqu'ils sont une fois dans leur forme ordinaire, de n'avoir besoin pour faire foi, que de leur propre certification.

Quoiqu'on en soit plus loin encore, puisque l'on a l'avantage que celui cy a déja paru sous les yeux de la Cour, dans une Contestation où il étoit purement question de son exécution, & où l'Intimé défendoit lui-même, en voicy l'espece en deux mots.

Entre les Biens que se fit remettre Anne-Marie de Duras par la Transaction dont s'agit, étoit une parcelle dans la Terre de Fontoi, que Gilles Ferdinand de Rahier son Mari avoit surpris comme celle de Preiche, d'un autre Créancier engagiste de la Maison de Merodes; depuis cette remise

Anne-Marie de Duras avoit vendu à Charles du Four, qui voulant joüir de son Acquisition, se trouva croisé par le nommé Probst, sous prétexte d'un bail que n'avoit pas laissé de lui passer l'Intimé nonobstant tout cela, de quelques héritages qui en faisoient partie; Probst assigné en cessation de trouble, recourut à son tour en indemnité contre son Laisseur, & l'on sent qu'en cet état la difficulté ne pouvoit consister, qu'à sçavoir si la donation de 1689. qui portoit toutes les possessions d'Anne-Marie de Duras dans la Maison de Rahier, & dont l'Intimé continuoit de se prévaloir, n'avoit pas été entierement anéantie par la Transaction de 1700. & si cette Transaction en consequence de laquelle cette même Anne-Marie de Duras avoit vendu, pouvoit souffrir désormais quelque contredit; inutilement l'Intimé essaya-t'il d'abord de se roidir sur l'une & l'autre de ces propositions, mieux conseillé dans la suite, & prêt à dédommager Probst, il y fut condamné de son consentement, & aux dépens envers toutes les Parties, par Arrêt de la Cour du 17. Avril 1725. rendu comme on vient de le dire sur l'exhibition de l'expedition que l'on entreprend aujourd'hui de controller; que l'on l'examine en effet, on l'a trouvera encore paraphée en differens endroits de la main de Me. Oudinot. qui étoit le Procureur de l'une des Parties, & pour ne rien laisser à desirer sur ce Chapitre, l'on y a encore attaché l'Arrêt cité, & la Sentence du Bailliage de Thionville qui l'avoit precedé; mais c'est trop honorer ce mauvais incident, voyons quel peut être le contenu de la Piéce.

Les termes & l'esprit n'en sont ny obscurs ny équivoques, & l'on y voit à découvert, que nonobstant le dépoüillement où s'étoit inconsiderement livrée Anne-Marie de Duras à l'instigation de son Mari, elle y reprend la proprieté absoluë, non seulement des Meubles, Joyaux & Tapisseries servans à la décoration de sa Maison, mais encore celle de tous les Biens & Actions en general qui pouvoient lui être provenus de Famille, hormis, ajoûte-t'elle, aprés en avoir fait une énumeration à sa guise, sa prétention dans la huitiéme part de Preiche, qu'elle abandonne à la Famille de Rahier, sous la condition néanmoins, que par forme d'indemnité de ce huitiéme, elle garderoit pendant deux ans l'usufruit de la Terre entiere.

De là, il résulte deux choses.

La premiere, qu'on avoit raison d'annoncer presentement, qu'il ne devoit plus être question au Procés de la donation de 1689. quoique l'Intimé eut eû la mauvaise foy de vouloir en faire encore son Titre avant cette Production, puis qu'indépendamment des nullités substantielles cy-devant indiquées, par lesquelles elle fut toûjours infailliblement tombée; cet accord posterieur, entierement dérogeant, & précisement confirmé par l'Arrêt de du Four qui vient d'être cotté, ne permet pas même qu'on en entretienne la Cour plus long-tems.

La seconde consiste à dire, que quand on pourroit contre toute attente négliger les observations decisives que l'on a précedemment fait sur la nature & les suites du Transport de 1685. & qu'il ne resteroit pas de doute, qu'Anne-Marie de Duras ne descendit d'Evrard de Merodes, encore faudroit-il convenir qu'en se faisant ainsi, rétablir generalement tout ce qui lui eût été propre & de Ligne, n'ayant excepté de ce tout, qu'un huitiéme à Preiche, elle-même eut necessairement reconnu par là,

qu'elle

qu'elle n'avoit jamais prétendu en emporter d'avantage de ce chef, cela se sent, & le raisonnement se plait à tarir, ou la consequence s'offre d'elle-même.

Il y a plus, & pour faire voir qu'Anne-Marie de Duras a véritablement toûjours regardé dans cette hypotese, l'excédent de la Terre de Preiche comme un effet de sa Communauté; que l'on passe un peu plus bas, l'on remarquera qu'en renonçant par une clause particuliere aux Biens de Fure, de Corbion, & à tous autres Acquêts de Gilles Ferdinand de Rahier, Baron d'Izier son Mari, ce sont ses propres expressions, elle déclare immédiatement après, & dans le même contexte, que cette renonciation sera à la charge du Bail de quatorze années qu'elle avoit passé à Charles du Four; Bail qui ne pouvant se raporter dans ces circonstances, qu'à ce qui précede immédiatement, on veut dire à Fure, à Corbion, ou aux autres Acquêts; si l'on fait voir que Charles du Four n'a jamais été son Amodiateur ny de Fure, ny de Corbion, mais uniquement de Preiche; ce sera une derniere preuve exuberante qu'elle a compris déterminement cette Terre au nombre de ces autres Acquêts, au moins pour sept huitiémes; ors cette preuve se tire de la Production nouvelle même qu'a fait l'Intimé du premier Bail qu'en passa Gilles Ferdinand de Rahier Baron d'Izier à ce du Four, le 9. Novembre 1685. & si l'on objecte que ce Bail étoit expiré lorsqu'Anne-Marie de Duras transigeat, on lui déclare, que pour peu qu'il veüille réduire la Contestation à ce point, l'on pose dès-à-present le fait, que ce Particulier n'a quitté Preiche & son Amodiation, que depuis la Vente que lui fit Anne-Marie de Duras, en consequence de la liberté qu'elle en recouvra par la Transaction de 1700. de la partie de Fontoi, dont on parloit il n'y a qu'un moment, & que le Baron d'Izier avoit subtilisé aux Créanciers qui en étoient en possession, comme Gilles Ferdinand a fait Preiche à Osbourg & la Mathelin.

De tout cela, l'on doit conclure de nouveau, que soit qu'il plaise à Anne-Marie de Duras de se faire sortir de la Maison de son nom alliée aux Merodes, ou qu'elle n'en soit pas, qu'elle ait eû un droit effectif sur la huitiéme partie de Preiche, ou tout au contraire; toûjours demeurera-t'il pour constant en l'un & l'autre cas, qu'à la réserve de ce seul huitiéme, on n'a pû *ex concessis*, la regarder en aucun tems, non plus que Gilles Ferdinand Baron d'Izier son Mari, que comme les Seigneurs Engagistes modernes des sept autres, à la representation de leurs Cédans, qui l'étoient pour le tout.

Ce principe une fois posé, c'en est un autre qu'en quelques mains qu'ait dû passer leur possession, elle n'a pû changer ny de cause ny de nature, par la raison que c'est encore une maxime de la Coûtume de Luxembourg, titre 5. article 4. que ce qui est une fois engagement, est toûjours engagement, qu'ainsi de quelque part que l'Intimé puisse tenir ces sept huitiémes, que ce soit à titre de partage, en vertu de l'abandon que fit à sa Famille Anne-Marie de Duras de sa part dans la Communauté de Gilles Ferdinand de Rahier par la Transaction de 1700. ou autrement, sa condition ne pouvant être meilleure que celle de ses Prédecesseurs, il faut qu'il se prête au retrait toutes les fois qu'il se presentera des Parens de la Ligne pour réclamer, eut-il pour luy une possession plus que centenaire, parce que suivant l'article 3. du titre 15. de la même Coûtume, on ne prescrit jamais en ce genre; tout cela gist en fait, & l'on auroit mauvaise grace de vouloir épiloguer sur des Textes aussi nets & aussi formels que ceux-là.

Pour prouver maintenant qu'à continuer de placer l'Intimé sous l'espece favorable que l'on a bien voulu supposer depuis un moment, l'on ne pouroit néanmoins porter un autre jugement du huitiéme prétendu échû à Anne-Marie de Duras, du Chef des Merodes; il ne faut que rapeller icy simplement ce que demande la Coûtume en fait de ventes ou telles autres aliénations entre vifs, pour transferer sans retour la proprieté de la chose alienée; & que dit-elle en effet, qu'il faut que le transport s'en fasse pardevant la Justice du Lieu, faute de quoi le Contrat ne sera tenu que pour une Engagere, c'est l'analyse de la disposition de l'article premier du titre 5. confirmé plus particulierement encore pour les Biens féodaux, par les articles 2. & 3. du titre 6. avec cette difference seulement, qu'au-lieu de la Justice du Lieu, les Rédacteurs commettent en ce cas à la réception de ce transport, les Seigneurs ou les Officiers de la Cour dont le Fief est mouvans, ce qui ne peut s'entendre par raport à Preiche, que du Bailliage de Thionville où il ressortit, suivant la déclaration qu'en fit Anne-Marie de Duras elle-même dans l'intitulé du Dénombrement qu'elle donna de cette Terre après la mort de Gilles Ferdinand son Mari, & que l'Intimé a luy-même produit; sur ce pied sommes-nous dans la régle, n'y sommes-nous pas! cela dépend de l'inspection de la Transaction même.

Il est vrai qu'il paroît par la fin de cet Acte, qu'ensuite d'une Contestation serieuse portée jusqu'au Conseil Provincial de Luxembourg, l'on crût devoir l'y faire rédiger en forme d'un Jugement d'apointé, & cela, dans la vûë de faire authoriser solemnellement par là le Sieur de Villers-aux-Tours, Frere de Gilles Ferdinand, qui n'agissoit pas tant en son nom, qu'en celuy de l'Intimé & de ses autres Enfans, à l'effet de pouvoir transiger plus solidement avec lui; mais ce n'est point par cette précaution étrangere à la question quoique judiciaire, que l'on réüssiroit à couvrir le Transport exigé par la Loi, le Conseil Provincial de Luxembourg n'étoit point le Tribunal dont elle demandoit l'interposition, c'étoit à celuy de la mouvance, c'étoit au Bailliage de Thionville qu'elle réservoit cette connoissance; enfin est-il besoin de le dire, les Coûtumes sont de droit étroit, il faut les remplir à la lettre, elles n'admettent ny raisonnement ny équipolence, & c'est de cette omission essentielle que l'on a crû pouvoir inferer de rechef avec quelque confiance, qu'à mettre pour une derniere fois Anne-Marie de Duras au rang des Merodes, le huitiéme de la Terre de Preiche dont s'agit, ne seroit pas moins détenu par l'Intimé à titre d'engagement que tout le reste.

Comme on ne prévoit pas qu'après ces differentes explications un peu longues à la verité, mais indispensables, il doive rester le moindre doute sur la qualité de cette détention, on passera volontiers à celle que peut avoir la Dame Apellante pour se presenter au dégagement.

On ne sçait si lors de la chute des Branches de Zoëteren & de Salles, celle des Duras Barons de Roost alliée à Evrard de Merodes subsistoit encore, on voit bien au Procés que Gerard de ce nom Epoux de Marie de Merodes, quoique mort en 1616. avoit laissé un fils nommé Guillaume, mais l'époque de la fin de ce fils est incertaine, & l'on fera voir en son lieu, que la generation que lui attribuë l'Intimé, n'est ny plus solide ny mieux éclaircie.

Il n'en est pas de même de celle de Groesbeck, puisqu'il est bien prouvé que de l'ancien Baron de ce nom & d'Anne de Merodes sa femme sortirent entre autres Enfans, Ernest, Zeghert & Marguerite de Groesbeck, & que Charles Salmier Sieur de Dorine épousa Marguerite, qui lui donna pour fille Heleine-Geneviéve de Salmier, à qui l'Apellante doit la naissance.

L'on ne sçauroit donc douter qu'il n'y ait toûjours eû des héritiers de cette Maison, pour recüeillir la Terre de Preiche, soit à titre de proprieté, pour telle part & portion qui lui en avoit été dévoluë par la mort de la Dame de Zoëteren, & en vertu de l'Arrêt de Malines, soit à titre d'héritiere vrai-semblablement unique de Philippes de Salles dernier usurpateur.

Mais on l'a déja dit, les Chefs de Famille qui avoient la clef de cette affaire successivement décedés, il ne faut pas s'étonner si leur posterité dispercée çà & là, restée d'ailleurs dans une profonde ignorance de ses droits, peut-être même dans une tendre jeunesse, demeura quelque tems sans se faire entendre; vainement l'Intimé voudroit-il se prévaloir de ce silence; ce n'est point la longueur du tems, c'est le titre de sa possession qui doit decider, & nous voyons chaque jour des actions s'intenter dans cette espece, & reporter leur Cause à des sources beaucoup plus éloignées.

Quelques découvertes fortuitement faites parmy de vieux Titres, jetterent les premiers fondemens de celle-cy, des simples conjectures on passa bien-tôt aux réalités; mais comme il arrive que l'esprit humain dévance ordinairement l'effet de tout ce qu'il souhaite, l'Apellante ne fut point initiée, que sans se donner le loisir de laisser meurir ses projets, elle crût en avoir assez pour se charger du soin de venger les droits de sa Famille, & tirer des mains de l'Etranger le Patrimoine de ses Ancêtres.

L'évenement n'a que trop marqué que son principe étoit juste, mais elle manquoit des deux Piéces decisives qui fondent aujourd'huy la meilleure partie de ses consequences, elle n'avoit vû ny le Transport pris d'Osbourg le 9. Juillet 1685. ny la Transaction d'Anne-Marie de Duras avec le Sieur de Villers-aux-Tours du 20. Septembre 1700. & l'on peut bien s'imaginer qu'en cet état, elle ne pouvoit marcher qu'à tâton, si l'on peut ainsi parler, à la foible lumiere des anciens documens qui la guidoient.

C'est néanmoins dans ces circonstances qu'elle se pourvût au Bailliage de Thionville, ou l'affaire n'ayant pû recevoir tout son jour, peut-être même jugée avec quelque partialité, n'a pas eû le succés qu'on s'en étoit trop précipitament promis, mais grace au tems qui tôt ou tard fait place à la verité; nos yeux sont ouverts, les ténebres sont dissipés, & nous sommes qui plus est aux pieds de la Cour, que ne devons-nous point en esperer.

Qu'ose en effet luy demander la Dame Apellante? rien que de trés naturel & de trés legitime, rien en un mot, qui ne doive être l'objet de toute sa justice! Que l'Intimé de quelque sens qu'on veuille le considerer, simple Engagiste de Preiche, ait à s'en désister à son profit, aux offres de l'indemniser du prix de l'Engagement originaire, s'il en reste quelque chose à payer, après l'imputation préalablement faite des fruits; voilà quelles ont toûjours été ses conclusions, & si l'on s'étoit donné la peine d'y jetter les yeux, on se seroit évité celle de gloser gratuitement sur ce que tantôt dit-on, elle y tend au partage, tantôt au désistement entier de la chose, variation aussi imaginaire, que l'obstacle que l'on croit porter à ses prétentions, est frivol & mal trouvé; car enfin que lui oppose-t'on, c'est ce qu'il faut désormais examiner.

L'on n'a eû garde de s'engager dans les inductions pressantes qu'elle a tiré contre l'Intimé, soit du Transport de 1685. soit de la Transaction de 1700. elles lui ont paru sans réplique, & le silence qu'il a gardé sur ces grandes circonstances, est une preuve qu'il en a ressenti toute la force & l'énergie, mais que recherche-t'il pour en éluder l'aplication; votre systeme est dit-il incomprehensible, vous venés en désistement de toute une Terre considerable, cependant à vous regarder comme une descendante de la Maison de Merodes, vos Auteurs n'en ont jamais poursuivi que le huitiéme, qui fut ajugé par l'Arrêt de Malines de 1645. à Ernest de Groesbeck, en qualité de Curateur établi à la Succession vacante d'Anne de Merodes sa Mere; il y a même si peu d'aparence qu'en 1655. ce huitiéme eut encore apartenu à cette Maison, qu'on ne voit pas que le Baron de Rouvroi qui avoit obtenu contre elle en cette derniere année une Sentence d'immission, y ait jamais assis l'exécution de cette Sentence.

Ces petites objections que met cependant trés serieusement l'Intimé en tête de ses Ecritures, sont faciles à résoudre.

Si l'Arrêt de Malines n'alloüe à Ernest de Groesbeck qu'un huitiéme dans la Terre de Preiche, l'on en a déja donné plus d'une fois la raison, c'est qu'Anne de Merodes sa Mere, aux Biens délaissés de laquelle il avoit été créé Curateur pour l'absence de ses Freres & Sœurs, & non comme on affecte de le dire sans aucun fondement; à sa Succession vacante, n'avoit jamais eû que cette portion à prétendre dans celle d'Elisabeth premiere, de la discussion de laquelle il s'agissoit purement & simplement lors de l'intervention de cet Arrêt, mais s'ensuit-il de là que ses Enfans, n'ayent pû à sa représentation être saisis par la mort de la Dame de Zoeteren arrivée intermediairement, de deux autres huitiémes dans les six qui lui resterent après ce même Arrêt, & successivement du tout, par l'extinction des deux Branches de Salles & de Roost, & ne diroit-on pas à en juger par la maniere dont on propose la décision de Malines, que ce Conseil en admettant les Groesbeck au partage des Biens Nobles d'Elisabeth premiere de Merodes, les eut en même tems noté d'une incapacité de succeder à l'avenir à qui que ce fut de leurs Famille.

L'idée que l'on s'est formé à l'occasion de la Sentence d'immission du Baron de Rouvroi, n'est pas moins singuliere, quand il ne seroit pas aussi vrai-semblable qu'il le paroît, que ce Baron ne manqua pas de prendre part à la direction qui se fit après la mort de Philippes de Salles, entre tous les Créanciers des trois Maisons, ce ne seroit pas assez de dire qu'il ne se mit point en possession de cette Terre, pour conclure qu'il n'en apartenoit rien aux Groesbeck, parce que rien n'avoit empêché qu'il n'en suivit une autre peut-être plus à sa bienséance, & qu'il pouvoit d'ailleurs s'être fait qu'on qu'on l'eut pleinement désintereſſé, avant qu'il ſe mit en devoir d'en venir à cette extremité.

Mais à quoi bon ce vain étalage quand on peut trancher en deux mots, & ſi abſtraction faite de tout ce qui peut être ou n'être pas de tout cela, l'Apellante ſe preſente aujourd'huy comme l'héritiere la plus proche de la Ligne dont le Bien engagé procede.

On réplique, ſelon vous-même, ſelon votre propre Carte genéalogique, vous avez actuellement François-Fery-Charles de Pally votre Frere, vous avez des Taviers vos Neveux, manqueroient-ils de réclamer avec vous, s'ils n'étoient perſuadés de l'impuiſſance de votre action, & qu'il y avoit encore il n'y a pas long-tems des Barons de Groesbeck à qui il ſeroit plus naturel de penſer qu'un Fief comme celui-cy fut paſſé, qu'aux Femmes dont vous tirés les uns & les autres votre extraction.

L'on ne diſconvient point qu'il ne ſoit mort depuis peu d'années des Groesbeck, on en indiqueroit même encore actuellement des vivans en un beſoin, mais qu'ils ayent été, ou qu'ils ſoient dérivés de la Ligne des Merodes, ce qui eſt le point eſſentiel pour leurs conferer l'habileté à lui ſucceder, c'eſt ce que l'on dénie avec d'autant plus de raiſon, que de cinq Enfans qu'eut de Zeghert Groesbeck Anne de Merodes fille d'Evrard, il ne ſe trouva que Robert de mâle, qui dut mourir dès le commencement du Siécle paſſé ſans generation, ſi l'Arrêt de Malines reſpectivement avoüé par les Parties peut faire entre elles quelque foy, puiſque nous y voyons qu'il ne rapelle que Anne, Marguerite, Marie & Eliſabeth ſes quatre Sœurs, preuve qu'il n'étoit plus alors, ſans quoi il n'eut pas manqué de prendre part à cette Conteſtation comme elles, & après lui ſes Enfans, (s'il en avoit laiſſé,) parce qu'ils fuſſent venus ſuivant la Coûtume par repreſentation avec leurs Tante.

Il n'eſt donc pas ſi ſurprenant qu'on le fait, que toute la Terre de Preiche ſoit accruë dans ces circonſtances aux ſeules Branches feminines, & ce motif prétendu de l'inaction des Taviers & de François-Fery-Charles de Pally ceſſant, il eſt encore également ſenſible que cette inaction formeroit moins comme on le prétend une preuve de la défiance qu'ils auroient conçû de la demande de l'Apellante, que de l'ignorance où ils pourroient être de leurs droits, quoy qu'on oſe protester à la Cour qu'en ce qui concerne les Taviers, il y a long-tems que l'on n'en connoit plus, & que pour ce qui eſt de François-Fery-Charles de Pally, s'il ne paroît point au Procés, ce n'eſt ny qu'il lui ſoit inconnu, ou qu'il en craigne l'évenement, mais pour des raiſons de Famille dont on n'eſt point comptable à l'Intimé.

Auſſi laſſé du peu de progrés de ces obſervations generales, & de s'écrier ſans fin que l'on n'a jamais pris la qualité de Seigneur de Preiche, qualité qui ne pouvoit pas même tomber en penſée à des Deſcendans qui ignoroient juſqu'aux droits qu'ils avoient ſur le fond; il entre enfin dans le particulier, & ſemble raſſembler toutes ſes forces pour attaquer d'abord l'Apellante, par le défaut de qualité.

Cette difficulté la plus importante du Procés, tombe préciſement ſur ce qu'il lui dénie la filiation, & l'on ne ſçauroit mieux y ſatisfaire, qu'en confirmant de ce pas ce que l'on n'a eu juſqu'icy l'occaſion que d'expoſer ſimplement, & qui eſt, que la Dame Apellante a reçu le jour d'Heleine-Geneviéve de Salmier, née de Marguerite de Groesbeck, comme celle-cy l'étoit d'Anne de Merodes, qui avoit eû pour Pere Evrard, de qui provient originairement la Terre de Preiche.

Pour juſtifier la premiere de ces generations, elle a produit ſon Contrat de Mariage, qui la titre de mot à mot, de Fille de Laurent de Pally Sieur de la Rouzellerie, & de Dame Heleine-Geneviéve de Salmier, & il ſembloit que cette Piéce originale dût impoſer ſilence ſur cette verité, cependant elle n'a point été à l'abri de la critique de l'Intimé.

Il la fonde cette critique, ſur ce que cet Acte n'étant que ſous ſignature privée, il ne peut faire aucun degré de preuve ſuivant le ſentiment de Me. Charles Dumoulin ſur l'article 8. de la Coûtume de Paris, gloſſe 1. *in verbo* Dénombrement, & que dit en effet, cet Auteur grave à la verité, mais qu'il ne faut point tirer de ſes expreſſions, les voicy, c'eſt au nombre 17. de l'endroit indiqué, & l'Intimé ne les déſavoüera point ſans doute, puiſqu'elles ſont extraites de ſes propres Ecritures, ſignifiées le 10. May dernier; *ſcriptura privata, ſcripta vel ſubſcripta*, ab illo ſolo, *qui inſtrumentum producit à domo ſua, non poteſt ullo caſu pluſquam vox ſua, & ſic nullum penitùs judicium facit, plus dico quod me prodeſſet hæredi ſuo, qui à principio, ipſo jure non valuit, nec unquàm convaleſcit, ſicut teſtimonium* unius *in re ſua, alioquin ſequerentur inconvenientia quod quis poſſet ſibi ipſi probationes etiam lapſu temporis fabricare.*

Tout cela eſt vrai, & l'on convient avec l'Intimé qu'une écriture privée atteſtée de la perſonne ſeule qui entreprend de s'en faire un titre, eſt naturellement ſuſpecte, & n'opereroit pas plus que la déclaration de cette perſonne dans ſa propre cauſe, ainſi il n'eſt pas étonnant que Dumoulin en ſuppoſant ce principe judicieux en tête des differentes queſtions qu'il prend occaſion de décider, ait frondé aux nombres ſuivans, & contre les Copies collationnées qu'on produiſoit de pareils Actes, & contre les Originaux mêmes; mais ſommes-nous de bonne foy dans l'eſpece, & peut-on méconnoître ſans une affectation ridicule, que celui-cy n'ait été ſouſcrit, on ne dit pas ſeulement des deux Parties contractantes, du Pere de la Promiſe & du Sieur Caulier, Procureur fondé de celui du Promis, mais encore du Sieur Delrue en qualité d'Aſſiſtant, & de Herman de Libbaye, Témoin, Valet à la verité de l'une des Parties, mais qu'aucune loy n'excluoit pour cela de porter ce genre de témoignage.

L'authorité de Me. Charles Dumoulin, loin d'éloigner dans ces circonſtances la foy du Contrat de mariage de l'Apellante, ne ſert donc au contraire, qu'à la raprocher d'avantage, & y mettre en quelque ſorte le dernier ſçeau, puiſque dire qu'une écriture privée, qui ne ſeroit ſignée que de celui là ſeul qui l'oppoſe, ne mériteroit pas plus d'attention que ſa ſimple parole, c'eſt avoüer par une conſequence naturelle, qu'il faudroit en penſer tout autrement, ſi pluſieurs perſonnes avoient concouru à en certifier la ſincerité, ſans quoi, & ſi un Autheur de cette exactitude avoit eû en vûë de proſcrire la preuve réſultante de tous les Actes privés comme on voudroit fauſſement l'inſinuer, il ne ſe ſeroit certainement point ſervi de ces termes: *Scriptura privata ſcripta vel ſubſcripta* ab illo ſolo, termes limitatifs s'il en fut jamais, & qui ne font que confirmer la régle generale, qui ne permet pas de douter, que comme il est vray de dire, que les engagemens sont toûjours libres, dans leur principe, il est libre aussi de leur donner telle forme que les Parties jugent le plus à propos, soit judiciairement & pardevant Notaire, soit sous signature privée & dans le sein des Familles des Parties contractantes; la premiere de ces façons de faire étant moins introduite en effet pour valider le fond d'un Acte, & lui donner une croyance qui ne dépend que de la souscription des Parties, que pour y ajoûter la force de l'hypotéque, qu'ils n'ont jamais sans ce caractere autentique.

Sur ce pied, & si l'on ne peut disconvenir qu'un Contrat revêtu de six differentes signatures données il y a cinquante ans, & dans un tems a l'abri de toute suspicion, ne soit au dessus du cas de la décision de Dumoulin, & ne doive assurer la filiation qui s'y trouve énoncée, quelle nouvelle confiance n'y prendra-t'on point lorsque pour lever jusqu'au moindre doute, l'on y trouvera jointes trois minutes d'Actes publics passé par la Dame Apellante, & deffunt le Sieur de Chivot son mari dans les années 1698. & 1699. par la comparaison desquels on reconnoitra au premier coup que les signatures de ces deux Epoux aposées au bas de ces Actes sont exactement les mêmes que celles de leur Contrat de Mariage; ce qui ne seroit point si l'inconvenient que l'on se fait de la facilité qu'il y auroit eu de se forger un titre de cette nature depuis la contestation, pouvoit avoir lieu; puisque personne ne contredisant que le Sieur de Chivot ne soit décedé comme il est vrai dès l'année 1703. & que cette contestation n'ait commencé qu'en 1728. il faudroit dans l'idée de l'Intimé suposer nécessairement que ce même Sieur de Chivot fut revenu vingt-cinq ans depuis sa mort signer son Contrat, & concourir avec l'Apellante à cette falsification prétenduë.

Enfin quoique ce Contrat n'eut eu besoin pour se soûtenir jusques là, que de lui-même, l'on n'a pas laissé que d'y attacher encore quatre Exrraits de Baptême des années 1683. 1687. 1688. & 1692. qui justifient que les Enfans y dénommez, étoient Fils & Filles légitime du Sieur de Chivot & de la Dame de Pally, cependant ils n'ont pû être légitimes, qu'il n'y ait eu mariage solemnel entre leur Pere & Mere, & s'il y a eu mariage solemnel, ce mariage forme une présomption violente qu'il a dû être precedé d'un Contrat, présomption qui devient la verité même, par la représentation que l'on fait aujourd'huy de l'original de celui-cy.

Non que la Dame Apellante n'eut souhaitée fortifier cette preuve de l'extrait de sa naissance, qui lui manque malheureusement, quelque mouvement qu'elle se soit donnée pour le faire rechercher, & cela selon toutes les aparences pour avoir été ondoyée, comme il est assez d'usage parmi la Noblesse dans quelque Terre dépendante des Domaines de ses Peres, où les ruines du tems ou des guerres ont pû suprimer ou effacer les régistres publics qui n'étoient pas d'ailleurs fort exactement tenus dans ces années reculées, mais à deffaut de cet extrait abondamment supléé par les productions précedentes, elle raporte de nouveau un Acte juridique que l'on peut bien regarder comme équivalent, suposé qu'elle en fût réduite là, ce qui n'est point à présumer; c'est un Jugement émané du Conseil de Gand le 10. Mars 1725. sur certaines contestations qui étoient survenuës entre Elle, Therese, & François-Fery-Charles de Pally; tous trois dit cet Acte, Enfans de défunt Laurent Pally leur Pere, & voici l'argument qu'elle en tire.

Si Laurent Pally est reconnu par là pour le Pere des Parties qui contestoient alors, & que l'on parvienne à prouver par l'Extrait de Baptême d'une seule de ces trois parties, qu'Heleine-Geneviéve de Salmier ait été sa Compagne, il faut avoüer que ce sera un préjugé commun, & que cet Extrait de l'un deviendra en quelque sorte celui des deux autres, sinon nominativement, au moins identifiquement & par reflexion ; ors c'est ce qui se rencontre à souhait dans celui de François-Fery-Charles, pareillement produit, les termes en sont trop précis pour les suprimer, les voicy : *diè vigesimâ Junii 1660. suppletæ fuerunt Ceremoniæ Baptismales in Filio Nobilium conjugum* Domini Laurentii Pally, *Domini de la Rousellerie*, *Bellerive*, &c. & *Dominæ* Helenæ-Genovefæ de Salmier, *dictæ Malroy voçatum nomen ejus, Franciscus-Fereolus-Carolus*, &c.

L'Intimé réduit au pied du mur par la netteté de ses qualités, les passe sous silence, comme il lui arrive de tout ce qu'il voit qui frape au but, & pour en détourner même le sens, il recherche à ce moment une vielle querelle sur ce que l'on eût, dit-il, dû faire au moins légaliser le Jugement de Gand, comme on a fait de l'Extrait de Baptême de François-Fery-Charles de Pally.

L'on a déja remarqué ailleurs que cette formalité requises pour les Actes privés devenoit surnumeraire en fait de décision judiciaire, parce que le Juge qui légaliseroit en ce cas, ne pouvant guère être que l'un de ceux qui y auroient assisté ; cette certification de son propre ouvrage ne feroit pas plus de preuve que la chose certifiée, & dégenereroit par-là en une espece de badinage contraire à la reverence & au respect qui se doivent à l'Etat Magistral, Etat qui ne permet pas même que tout ce qui tient de son Caractere sacré puisse être susceptible des sentimens de défiance, qui sont le partage des choses ordinaires.

Mais qu'opereroit cette légalisation que ne fasse l'Intimé lui-même ; ne convient-il pas que François-Fery-Charles de Pally est le Frere de la Dame Apellante ; n'est-ce pas sur ce fondement, qu'il lui fait en plus d'un endroit de ses écritures l'objection du défaut d'accession de ce Frere au Procez, & quand on n'auroit pas le Jugement de Gand, en faudroit-il d'avantage pour autoriser la consequence par laquelle on croit avoir mis la derniere main à la la justification de ce premier degré.

Pour remplir le second, la Dame Apellante doit établir que Heleine-Geneviéve de Salmier sa Mere avoit pour la sienne, Marguerite de Groesbeck, Epouse de Charles Salmier Sieur de Dorine, & dans l'état où elle a mis sa Production à cet égard, par celle qu'elle a fait récemment d'une expédition autentique de l'Acte d'aport, autrement du portement de dot de cette Heleine-Geneviéve de Salmier, en faveur du Mariage promis entre elle & Laurent de Pally Sieur de la Rouzellerie elle tranchera bien des raisonnemens inutilement engagés de la part de l'Intimé.

Pour effectuer cette promesse, il est naturel qu'elle commence par assurer que ce portement nouvellement produit ne laisse rien à desirer du côté de la forme, il est delivré par l'Instrumentaire public, chargé du Protocol où il a été reçû, & bien legalisé par les Maires & Echevins de la Cité, c'est tout ce qu'il falloit à la rigueur pour le mettre au rang des Piéces probantes.

L'on

L'on convient cependant qu'il ne dit point de qui étoit née Heleine-Geneviéve de Salmier, & que par un autre vice de Clerc, au-lieu d'Heleine-Geneviéve, il la nomme Heleine tout court, ce qui joint à ce qu'il n'avoit parû jusques-là qu'en Copie collationnée sur une autre Copie, avoit donné lieu à l'Intimé de s'égayer en mille façons, & de suposer hardiment entre autre chose, qu'Heleine, & Heleine-Geneviéve de Salmier devoient avoir été deux personnes differentes, mais ces vaines subtilités, sont aujourd'hui plus faciles à dissiper que jamais, sans sortir de l'Acte même.

Cela dépend de deux choses, l'une de faire voir que malgré l'omission du Notaire, Heleine rapellée dans le portement, étoit la véritable Heleine-Geneviéve, l'autre qu'elle étoit la Fille de Marguerite de Groesbeck.

Qu'elle ait été la véritable Heleine-Geneviéve, peut-on en douter à la vûë de sa signature aposée au bas de ce portement, & par laquelle on reconnoit que pour rectifier l'erreur qui s'étoit glissé dans le corps de l'Acte, elle a eu soin de préceder son nom de famille d'un H. & d'un G. qui ne peuvent certainement signifier qu'Heleine Geneviéve; quoy que quand cette circonstance manqueroit, il en resulteroit deux autres qui ne seroient ny moins claires, ny moins concluantes.

La premiere, qu'elle comparoit en cette Piéce, en qualité d'Epouse future de Laurent de Pally Sieur de la Rouzellerie, & qu'en recourant à l'Extrait de Baptême de François-Fery-Charles de Pally leurs Fils, dont on raportoit presentement les termes, & à quelques autres inserés dans la même Liasse, elle est uniformement titrée dans tous, d'Heleine-Geneviéve de Salmier, & nulle part d'Heleine seulement.

La seconde induction qui tendroit à la même fin, se tire de ce que par le portement, elle est dite héritiere de Zeghert Baron de Groesbeck son Oncle, qu'elle y déclare même les droits qui lui étoient dévolus en cette qualité dans la Seigneurie de Restaigne, & le Moulin de Bellevaux contre le Sieur Baron de Rouvroy, & que par la Sentence d'immission que ce Baron prit postérieurement contre elle & les siens à ce sujet, piéce 16. de la premiere liasse de la production de l'Apellante, on continuë de la nommer comme auparavant Heleine-Geneviéve de Salmier.

Ce n'est point assez que cette Sentence acheve de mettre en évidence l'inattention de l'Instrumentaire du portement sur ce point, elle prouve encore que Marguerite Groesbeck étoit la Mere d'Heleine-Geneviéve de Salmier, il n'y a qu'à en prendre lecture, on y trouvera mot-à-mot l'établissement de cette seconde partie de la proposition de la Dame Apellante.

Enfin pour ne point abandonner ce portement, il qualifie Heleine-Geneviéve de Salmier de Chanoinesse d'Andenne, & les Lettres de sa nomination & de sa reception à cette Prébende pareillement produites, la designent comme tout le reste sous la dénomination d'Heleine-Geneviéve de Salmier, Fille de Marguerite de Groesbeck & de Charles-Salmier Sieur de Dorinne ses Pere & Mere.

Toutes les explications dans lesquelles on pourroit entrer après cela sur ce degré ne conduiroient qu'à des redites, passons au troisiéme.

Il se justifie par un raisonnement fort simple, c'est un premier fait attesté par les qualités de l'Arrêt de Malines, & dont l'Intimé n'a luy même osé disconvenir, qu'Ernest de Groesbeck étoit le Fils Aîné d'Anne de Merode, à laquelle il est actuellement question de faire remonter Marguerite de Groesbeck, & c'en est un second également incontestable, qu'Ernest avoit pour Frere Zeghert de Groesbeck, Chanoine de Liege & Prévôt d'Huy; mal à propos feint-on de douter de celui cy, il ne faut pour le constater, que la Sentence d'immission du Baron de Rouvroi dont on vient d'apuyer la generation précedente, & où cette qualité de Frere est expressement déterminée; ainsi plus de difficulté à oposer à cet égard, contre un aveu retenu il y a quatre-vingt ans dans un Acte judiciaire rendu avec toute une Famille qui y avoit même interêt, & qui pouvoit mieux que personne, laisser à ses Descendans ce témoignage irréprochable de la suite de leurs Ayeux.

A ces deux verités préliminaires en succede une troisiéme, qui est, que l'on ne contredira plus sans doute qu'Heleine-Geneviéve de Salmier ne fut issuë de Marguerite de Groesbeck, & que son portement ne la dise encore nettement la Niéce & l'Héritiere de Zeghert de Groesbeck, Frere à Ernest; si cela est, si la Sentence d'immission du Baron de Rouvroi, rassemble comme il est vray, confirme même de nouveau toutes ces indications, que tardons nous à conclure, que comme Heleine-Geneviéve de Salmier n'a pû être ny la Niéce ny l'Héritiere de Zeghert Groesbeck qu'à titre de Fille de Marguerite, celle-cy n'a pû réciproquement être sa Mere, sans être nécessairement la Sœur de Zeghert & d'Ernest, & par une suite naturelle la Fille, comme ils étoient les Fils d'Anne de Merode.

Cet argument paroîtra sans doute dans le genre démonstratif, & il faut croire que l'Intimé n'en avoit pas pesé la valeur lorsqu'il a traité d'un amas de présomptions, une gradation fondée sur trois des Titres de l'Instance les plus respectables & les plus autentiques.

A mesure que l'on avance, les droits de l'Apellante se dévelopent davantage, il n'est pas même besoin qu'elle se charge du soin de prouver le degré d'Anne de Merode à Evrard; l'Arrêt de Malines l'a prevenu, par la concurrence qu'il donne à cette derniere avec Marie, Marguerite & Elisabeth seconde ses trois Sœurs dans la Succession d'Elisabeth premiere, qui joüissoit anciennement de la contre-partie de la Terre de Preiche avec Evrard son Frere.

La filiation de la Demanderesse & l'engagement de Preiche parfaitement établis comme on l'espere, il sembloit qu'il n'y eut eû qu'à persister & finir tout de suite, mais l'Intimé qui ne sçauroit se résoudre à subir une condamnation, qui tend à le priver de la liberté d'une Campagne assez gracieuse par elle-même, & qu'il regardoit comme l'asile de ses plaisirs, n'est pas forcé de luy passer sa qualité, qu'il se donne une nouvelle torture pour la luy rendre au moins infructueuse.

Toûjours préoccupé de l'imagination qu'à la mort de la Dame de Zoëteren, les Salles aprehenderent seuls la Terre de Preiche qui faisoit partie de sa Succession; son systême est, quelle passa de leurs mains en celles de Guillaume de Duras, fils de Gerard, Epoux d'Anne de Merode, comme l'Héritier le plus proche qu'ils eussent lors de la chûte de leur Branche, & que de Guillaume elle tomba à Anne-Marie de Duras sa Fille prétenduë, & dont l'Intimé se flatte d'avoir tous les droits cedés.

Pour détruire à fond ce vain arrangement, il est essentiel de rapeller en cet endroit, comme la Dame de Zoëteren devint Propriétaire de cette Terre, moitié à titre de constitution de dot, l'autre pour l'avoir achetée, elle & son Mari de Henry de Salles & d'Elisabeth seconde de Merode sa Femme, à qui Elisabeth premiere leurs Tante l'avoit donnée.

La Cour a pareillement vû de quelle maniere les Barons de Groesbeck & de Roost, aux droits d'Anne & de Marie de Merode leurs Epouses, attaquerent cette liberalité, & se firent remettre par l'Arrêt de Malines de 1645. un quart chacun dans la moitié d'Elisabeth premiere, revenant à un huitiéme dans le tout, & cela fondé, sur ce que par la Coûtume il n'avoit pas été licite à la Donatrice, de préferer une de ses héritieres aux autres, en fait d'un Bien noble & de Ligne.

Ce préjugé en faisoit donc un pour la Succession de la Dame de Zoëteren, & de cette seule observation il n'est pas même concevable sans un titre manifeste du contraire, comme les Maisons de Groesbeck & de Roost ayant été à la mort de cette Femme saisies de droit, indépendamment des deux huitiémes que leurs ajuge entre elles l'Arrêt de Malines, de quatre autres huitiémes dans les six restés dans la possession propriétaire de la Dame de Zoëteren, celle de Salles réduite par cette raison à deux seulement, n'eut pas laissé cependant d'emporter le tout.

Il est vrai qu'on s'est travaillé à contraster cet ordre naturel, par la representation de quelques chiffons, dont on a voulu inferer qu'il falloit bien que cela eut été, puisqu'il paroissoit que ces derniers avoient disposé entre eux de la Terre de Preiche, dès les années 1624. & 1631. mais l'Apellante n'a pas attendu ce moment pour dissiper toute l'illusion de ces prestiges, & elle employe dans cet endroit, tout ce qu'elle a crû devoir placer dès l'entrée de son fait, pour luy donner plus de jour & de solidité.

Quelle aparence même que la Maison de Salles ait dû avoir la pensée que l'on lui prête aujourd'huy, si l'on considere qu'en 1645. elle agissoit encore dans l'Arrêt de Malines, en qualité purement de garante de la vente qu'elle avoit fait aux Sieur & Dame de Zoëteren de la moitié de Preiche, & que ce n'est qu'en cette qualité de garante & de donataire d'Elisabeth premiere, & nullement de Propriétaire, que Philippes de Salles qui avoit repris l'Instance pour la mort de Henry son Pere, fut condamné à faire raison aux Barons de Groesbeck & de Roost, des droits qu'ils revendiquoient sur cette donation.

Si depuis profitant des circonstances qui ont été déduites, ce même Philippe s'empara de la Terre entiére, c'est un point qui n'est controversé de qui que ce soit, que toute sa race finit en 1658. dans la personne de Jean-Verner son petit fils, & il en resulte clairement que quand l'usurpation eut été poussée jusques-là, ce que l'on ne dit point, étant impossible, ny à l'Apellante ny à l'Intimé, de percer au juste dans l'obscurité de ces années reculées, encore cette usurpation eut-elle été de trop peu de durée pour former, abstraction faite de toute autre raison, une fin de non recevoir contre des Co-héritiers, sur tout dans la Coûtume de Luxembourg, qui porte à quarante ans, le tems nécessaire pour acquerir la prescription.

De-là, il faut donc de rechef inferer que les droits des Groesbeck sur la Terre de Preiche n'ayant pû souffrir jusques alors aucun déchet, ils en ont encore bien moins encouru depuis, par la joüissance qui s'est perpetuée d'Engagistes en Engagistes, puisqu'il est de principe que ces sortes de possessions ne cessent point de reclamer pour les veritables Proprietaires que la Loy a une fois saisi du fond à titre successif ou autrement.

Ainsi qu'à l'extinction de la Maison de Salles, les Roost ayent existé ou qu'il n'ait plus été question d'eux, qu'ils ayent été les plus habiles à lui succeder comme on le pretend, ou qu'ils ne l'aient point été; c'est une verité bien sensible, qu'à toute extremité: ils n'eussent déja pû priver les Groesbeck des trois huitiémes qui leurs apartenoient en propre à Preiche; portion, l'on ne peut trop le repeter, qui leurs a été conservée par la nature de la joüissance des Possesseurs étrangers, qui n'ont point discontinué de tenir ce Domaine jusqu'à Gilles-Ferdinand de Rahier, qui n'ayant fait que prendre à son tour un Transport pur & simple & sous son nom seul, de leurs droits, noms, raisons & actions, il s'est par là placé lui même, & à suposer même la filiation de sa Femme, dans la même categorie que ses Cedans, & n'a pû par consequent interrompre d'avantage la proprieté constante des Groesbeck sur ces trois huitiémes.

Voyons donc par quelle raison la Branche de Roost eut eû sur eux la préference qu'on voudroit faussement lui attribuer pour le reste, l'on la fonde sur ce que lors de la mort de Jean Verner le dernier des Salles, arrivée dit-on en 1658. Guillaume de Duras Baron de Roost lui étoit plus proche d'un degré, qu'Heleine-Geneviéve de Salmier, Mere de la Dame Apellante.

C'est une chose étonnante, que l'on raporte une prétention du serieux de celle-cy, à une époque aussi incertaine que l'est celle que l'on entreprend de lui donner; non, que l'on prétende contester que Jean-Verner de Salles ne soit decedé en 1658. mais parce qu'il n'est nulle part constaté que cette Terre soit parvenuë jusqu'a lui, tout ce qu'en a pû dire la Dame Apellante n'étant que par pure suposition, & ce qui s'apelle un argument, *à fortiori*, qui ne dispense point l'Intimé de commencer par justifier ce point fondamental de son exception, par la raison que reguliérement, *reus excipiendo fit actor*.

Mais qu'il en est bien éloigné, & qu'il eut au contraire été facile à la Dame Apellante si elle en avoit eû le loisir depuis l'objection, ou pour mieux dire, si elle n'avoit aprehendée d'éloigner le Jugement de l'Instance, de faire rechercher des preuves qu'elle n'a qu'en extrait, comme après le decés de Philippes de Salles, l'Ayeul de Jean Verner arrivé dès le 14. Janvier 1647. Anne Giltingen sa Veuve, & ses Enfans trouverent sa Succession si oberée, que la premiere fut obligée de la repudier le 14. Mars suivant, & les autres qui avoient pris le parti des Lettres de Benefice d'Inventaire debouttés de leur demande en entherinement par Jugement du 28. Novembre 1648. qui établit en consequence, Curateur à la Succession vacante.

Il ne faut pas même douter que ce ne fut ce qui donna lieu, premierement aux Créanciers de Salles qui s'étoient oposé à cet entherinement par des raisons qui sont inconnuës à l'Apellante, & peu après à ceux de Groesbeck & de Roost, tels qu'étoient le Baron de Rouvroy & plusieurs autres, de se réünir pour faire mettre à Bail judiciaire tous les Biens qui apartenoient par indivis a ces differens Débiteurs, ce qui dura jusqu'en 1667. tems auquel on a déja dit quelque part que le Transport que firent Jean Osbourg & Anne Mathelin, à Gille-Ferdinand de Rahier, indique qu'ils trouvérent seulement les facilitez de revenir à la charge sur Preiche.

Quoy

Quoy qu'il en puiſſe être, le fondement de l'objection de l'Intimé manquant au moins juſqu'à ce qu'il le redreſſe, par quelques marques capables d'atterer ces conjectures ſenſibles, que la Terre conteſtée n'a jamais été poſſedée par Jean-Verner ; il ſeroit d'autant plus inutile d'entâmer la queſtion de la proximité de degré qu'il fait naître ſur ce faux principe, que l'on ne reconnoît pas même icy Anne-Marie de Duras pour la Fille de Guillaume, qu'il luy plait de ſubſtituer à ce Jean-Verner, ſi l'on n'avoit réſolu de le ſuivre juſques dans ſes derniers recoins.

Dans cette penſée l'on continuëra donc encore de ſupoſer pour cet inſtant, tout ce qu'il voudra, mais il faut reciproquement qu'il convienne, que ſi Guillaume de Duras reçût le jour de Marie de Merode, Anne de Merode ſa Sœur entre cinq Enfans qu'elle eut de Zeghert Groesbeck, laiſſa particulierement Marguerite, Epouſe de Charles Salmier, Ayeule de l'Apellante, Couſinne germaine de Guillaume de Duras, & par conſequent en correlation de degré reſpectivement à Jean Verner ; par quelle affectation ridicule vient-on donc paſſer par-deſſus cette generation, pour aller chercher au deſſous Heleine-Geneviéve de Salmier ſa Fille, qui a dû dans l'ordre que propoſe l'Intimé lui-même, puiſer ſes eſperances ſur les deux huitiémes de Preiche, faiſant partie de la Succeſſion des Salles, dans celle de Marguerite de Groesbeck ſa Mere, comme on dit qu'Anne-Marie de Duras les a reçû de Guillaume ſon Pere.

Cela ſeroit bon replique-t'on, ſi cette Femme avoit vecû lors de l'ouverture de cette Succeſſion, mais on ſoûtient qu'elle étoit morte. L'Apellante le dénie, & c'eſt une maxime qui ne peut ſe méconnoitre, que c'eſt à celui qui prétend ſe ſervir du prédecés d'un Co-heritier, comme d'un titre pour s'aproprier ſon bien, à le juſtifier ; le Gloſſateur ſur ces mots de la Loi 5. Cod. *Soluto matrimonio*, *niſi dum functa ſit*, le détermine de la ſorte, *qui verò intentionem fundat ex morte alicujus*, *debet mortem probare* ; il ajoûte, que c'eſt le ſentiment de Bartole, & tous les Docteurs ſont de même avis ; Alciat entre les autres, *Regul.* 1. *Præſumpt.* 49. *num.* 3. inſiſte particulierement ſur la neceſſité de cette preuve, & aſſure que la Loi n'admet pas même de préſomption en ce cas ; *Ubi aliquem prædeceſſiſſe eſt fundamentum intentionis alicujus*, *ad eum ſpectat probare*, *nec lex aliquid præſumit* ; Mainard *Liv.* 5. *chap.* 16. ſuit cette opinion, & il ſemble que l'Intimé ne s'en ſoit pas auſſi fort écarté, lorſqu'il a dit, que ſans qu'il y fut obligé, il ne laiſſoit pas de trouver dans l'Inſtance même, des veſtiges de ce prédecès.

Il les tire, de ce que entre la production de la Dame Apellante, il ſe trouve une copie de projet du Contrat de Mariage d'Heleine-Geneviéve de Salmier dans laquelle il eſt inſeré, qu'elle ne ſeroit point tenuë des dettes de défunts ſes Pere & Mere, marque ajoûte-t'on, qu'il falloit bien que Marguerite de Groesbeck ſa Mere n'exiſta plus en 1658. tems de la mort de Jean-Verner, puis que cet Acte qui eſt de 1654. la mettoit dès lors au rang des perſonnes défuntes.

L'Apellante ignore par quel hazard ſon Conſeil de premiere Inſtance a groſſi ſon Sac, d'une Piéce qui ne vient point d'Elle, & qui lui étoit même d'autant plus indifferente, qu'elle ne paroit point avoir été jamais ſignée de la future Epouſe qu'on y fait comparoitre, & de la reconnoiſſance de laquelle on voudroit néanmoins argumenter ici mal à propos; point de doute, qu'on ne pût même en un besoin désavoüer l'Auteur de cette Production, si la fausseté de son énoncé, au moins par raport à Marguerite de Groesbeck, ne se réparoit parfaitement par une autre Piéce plus constante & plus en regle, qui est la Sentence d'immission obtenuë par le Baron de Rouvroy, qui fait encore parler cette même Marguerite Groesbeck en 1655. ce qui ne lui seroit certainement point arrivé si elle étoit morte en 1654. n'étant pas possible quoi qu'on en puisse dire, que quelque anterieure qu'eut pû être la demande qui faisoit l'objet de cette Sentence, on y eut laissé en qualité une Partie decedée, sur tout Heleine-Geneviéve sa Fille y paroissant de son chef, à qui il étoit des premiers élemens de faire reprendre l'Instance au lieu & place de sa Mere, si cette Mere elle-même n'eut été à portée d'y tenir son coin.

L'Intimé n'est point à reconnoître toute la force de cette contradiction; il tente, mais en vain, d'y remedier, sous prétexte que par le Portement d'Heleine-Geneviéve de Salmiér qui est de la même année 1654. elle se fait forte des Parts & Portions qui lui apartenoient dans la Terre de Preiche; Parts & Portions qui ne pouvoient cependant, dit-on, luy être échûës, que par le decés de Marguerite de Groesbeck sa Mere.

Que pouvoit-ce être dans ces tems orageux, que ces Parts & Portions, qu'un simple droit d'attente sur un Bien qui étoit à la mercy des Créanciers des Groesbeck, des Salles & des Roost, & que les Chefs de ces Maisons déséperans de pouvoir posseder par eux-mêmes, se faisoient un plaisir de mettre de leur vivant sur la tête de leurs Enfans, par tous leurs Actes de Famille, ne fut-ce que pour leurs conserver par cette précaution judicieuse, le souvenir de réclamer toutes les fois que ces Actes leurs repasseroient sous les yeux, ou sous ceux de leurs Descendans.

Mais continuë-t'on par ce même Portement, Heleine-Geneviéve de Salmier est qualifiée l'Héritiere de Zeghert de Groesbeck, Chanoine de Liege & Prevôt d'Huy son Oncle; qualité qu'elle n'eut pû prendre, si Marguerite Groesbeck sa Mere & Sœur de ce Zeghert, avoit encore vêcu.

Premierement, ce Portement s'explique & borne la liberalité de Zeghert en faveur de sa Niéce, à une Portion dans la Seigneurie de Restaigne & le Moulin de Bellevaux : En second lieu, qui eût empêché qu'il n'eut pû leguer à cette Niéce l'universalité de ses Biens, *etiam vivente Matre*, puis que c'est en droit un axiome, que la Mere & la Fille sont censées une seule & même personne en ce genre, & que qui donne à l'une est censé donner à l'autre.

On ne pourroit donc, à porter les choses à l'extremité, former de tout cela que des indices très éloignez, indices non seulement reprouvés par la Loy, qui n'admet dans ces sortes de cas, qu'une preuve nette & dégagée de toute équivoque, mais encore étouffée, si l'on peut ainsi parler, dès leur naissance, par l'oposition de la Sentence d'immission du Baron de Rouvroy, qui laissant sans difficulté, que Marguerite de Groesbeck existoit véritablement en 1655. la faveur de la vie pour laquelle on penche toûjours, plutôt que pour ce qui tend à sa destruction, achevera sans peine de faire présumer, que si Guillaume de Duras a pû n'être point mort en 1658. rien ne défend de croire qu'il n'en ait été de même de Marguerite de Groesbeck, & tout bien pesé, il ne paroitra pas en effet d'expedient plus équitable dans le doute que pourroient laisser des Actes qui se contrarient, que de laisser vivre & succeder concurremment les deux Parties. ou les suposant toutes deux decedées avant Jean-Verner, d'admettre au partage des deux huitiémes revenant à la Branche de Salles, Heleine-Geneviéve de Salmier Fille de Marguerite de Groesbeck, & les Enfans de Guillaume de Duras, s'il en fut jamais, avec les mêmes avantages que leur Pere & Mere, y fussent venus s'ils avoient vécus.

Mais qui nous fait cette objection; un Etranger, un simple Cessionaire d'un huitiéme sur la Terre de Preiche, en vertu d'une Transaction dénüée des formalités prescrites par la Coûtume, & qui ne porte d'ailleurs aucun Transport des actions, ny rescindantes, ny rescissoires de la Cedante, un homme enfin qui se contente d'alleguer les droits pretendus d'une personne tierce, qui ne seroit pas elle-même en état de s'en prévaloir; car il faut observer, (& cela nous conduit insensiblement à rechercher si jamais Anne-Marie de Duras fut réellement de la Branche alliée aux Merodes,) que Gerard qui en avoit épousé une, avoit entr'autres Freres, Jean de Duras, qui eut pour Femme une Dame de la Retulle, suivant la Production que l'on a fait de son Contrat de Mariage, & qu'il est très-probable de croire que Anne-Marie de Duras, à la supposer de cette Famille, a pû descendre de ce Jean, comme de Gerard, au moins jusqu'à ce qu'on ait raporté des enseignemens capables de fixer l'incertitude où cette premiere circonstance peut laisser justement flotter le jugement.

L'Intimé avoit crû d'abord sauver cet embaras par l'exposition d'une Arbre de Ligne conforme à la verité, à ses interêts, mais attestée seulement par un Héros d'Armes qu'il avoit été choisir expressement pour cela dans le fond du Pays de Liege; dans la suite il a prévû que la foy de ce Genéalogiste Etranger, qui avoit pû sans miracle transformer à prix d'argent un Jean en Gerard, & avoir même été le premier abusé par une fausse exhibition, n'opereroit rien en justice, & pour lors il est allé mandier un Certificat de deux Barons de Roost aparemment encore des Descendans de Jean de Duras, ou de quelque autre Famille étrangere du même nom, au pied duquel il a fait joindre celuy d'Anne-Marie de Duras elle-même, tous deux au reste les fidels échos de son exposé genéalogique.

Qu'une Femme comme Anne-Marie de Duras actuellement dans la décrepitude comme on en peut juger par son Extrait de Baptême produit, qui est de 1641. & qui a pû mêler à la foiblesse naturelle de ce grand âge un reste d'inclination pour les Neveux de défunt Gilles Ferdinand de Rahier son Mari, se soit laissé aller à lâcher cette certification, il n'y a rien en cela, quoique de très-suspect & de très-rejettable, qui ne soit neanmoins très-commun, & qu'elle n'ait en quelque sorte été dans l'obligation de faire, sinon pour rendre témoignage à la verité, au moins par un faux point d'honneur, & pour soûtenir jusqu'au bout l'abandon qu'elle fit par la Transaction de 1700. aux Enfans du Baron de Rahier de Villers-aux-Tours, d'un huitiéme dans la Terre de Preiche, sous la qualité suposée, dans le goût de laquelle l'avoit mis Gilles Ferdinand son Mari, d'Heritiere de la Maison de Merodes.

Mais que les deux autres qu'aucune honte ne devoit retenir n'ayant jamais trempé dans cette manœuvre, & qui ne laissent pas de se donner fraichement pour les vrais Successeurs de cette Maison, se fussent prêté si officieusement & contre leur propres interêts au besoin de l'Intimé, si ce qu'ils disent par leur Certificat eut été sincere, (que non;) c'est ce qui ne tombe pas sous le sens commun, puis qu'en ce cas il eut été bien plus naturel qu'il se prévalussent eux mêmes de leurs droits, & qu'on ne présumera jamais qui plus est, que quelque accommodés qu'ils puissent être des dons de la fortune, ils ayent eu le cœur assez grand, pour ne point dire des sentimens assez bas, pour mépriser aujourd'huy un Domaine qui eut fait autrefois un des fleurons de la Couronne de leurs Pere.

L'on ne peut donc regarder en cet état leurs déclarations que comme des Actes très équivoques, & trés implicans en eux-mêmes; que sçait-on enfin, peut-être, signez par des gens qui n'en sçavoient ny le contenu ny les consequences, ou qui pouvoient avoir eux-mêmes des vûës particulieres pour s'enter sur une Famille étrangere à la leurs.

Au fond qu'est-ce que tout cela & de quel usage peut-il être pour averer le fait dont s'agit, qui est qu'Anne-Marie de Duras soit sortie de l'ancien Gerard de ce nom, plûtôt que de Jean, elle même dit-on & ses deux Neveux se qualifient de cette origine; c'est précisement par cette raison qu'on ne doit pas les en croire, *nemo testis in propria causa*, si Anne-Marie de Duras, si ces Neveux se presentoient en personnes au retrait de Preiche, seroit-ce assez qu'ils assurassent qu'ils sont de la ligne, & que la Terre leurs apartint pour en être crû, non sans doute, & s'ils n'en donnoient des marques plus positives & plus convaincantes, ils ne remporteroient que la confusion qui suit ordinairement une tentative inutile; si cela est, que veut-on dire avec leur certificat, & par quel ascendant dispenseroient-ils un tiers de cette obligation, & feroient-ils pour autruy ce qu'ils ne pourroient faire en pareil cas pour eux mêmes.

Aussi l'Intimé qui se deffie de cette production, l'accompagne-t'il en dernier lieu de quelques Actes qu'il croit corroboratifs.

L'Apellante n'entrera point dans leur détail, il lui suffira de remarquer en general que de ces Actes, les uns sont sans aplication, les autres fait à plaisir ou sans légalisation, qu'aucun enfin ne détermine specifiquement qu'Anne-Marie de Duras ait été la Fille de Guillaume Fils de Gerard, ce qui étoit cependant le point essentiel; au contraire on a ce dernier avantage que par son certificat nouvellement produit, elle se dit elle-même Anne-Marie de Duras, & qu'il n'a jamais été question d'Elle que sous cette dénomination, cependant que l'on examine le Testament de Guillaume de Duras, du 10. Novembre 1664. que l'on examine son Extrait de Baptême prétendu, qui sont les Piéces sur lesquelles triomphe particulierement l'Intimé, l'on verra qu'il n'y est parlé que d'une Anne de Duras, & nullement de l'Anne-Marie qui épousa en 1680. Gilles Ferdinand de Rahier, qu'il commence donc par concilier lui-même cette contrarieté, en attendant on employera avec confiance tout ce qu'il a pris soin d'établir sur la difference serieuse qu'il faisoit d'Heleine, & d'Heleine-Geneviéve de Salmier, avant la Production qu'il a obligé l'Apellante de faire du Portement en bonne forme de cette derniere, pour lever une difficulté qu'il regardoit comme l'écueil de la demande.

Mais laissons le malgré tout cela s'aplaudir de cette filiation delabrée,

que

que lui servira-t'elle, si sa propre Production nouvelle, c'est le Testament de Guillaume de Duras Baron de Roost, qu'il plait à l'Intimé de donner en même tems pour le Pere de sa Heroïne, & l'Héritiere unique de la Branche de Salles, nous instruit tout récemment que ce Testateur, en leguant le 10. Novembre 1664. six ans depuis l'ouverture de cette Succession, au seul Gerard son Fils aîné, tout ce qui pouvoit luy être échu de Biens, tant nobles qu'autrement, dans le Ressort de Luxembourg, y compris formellement Preiche, y détermine immédiatement après, que ce tout ne consistoit qu'en ce qui lui étoit provenu d'Elisabeth premiere de Merode, Dame de Hauteville sa grande Tante.

En effet, de cette derniere observation il en naît deux autres, l'une qu'il n'y auroit déja que la posterité de ce Gerard qui pût avoir droit d'user du benefice de cette disposition ; l'autre, qu'Elisabeth premiere de Merode, n'ayant jamais eû que la moitié de la Terre de Preiche, que l'Arrêt de Malines distribua en quatre Portions égales entre les quatre Filles d'Evrard de Merode son Frere, & cependant Guillaume de Duras raportant précisement là toutes ses esperances; c'est avoir reconnu bien nettement, que soit que les Groesbeck eussent au contraire eû sur luy quelque ascendant, que l'éloignement des tems ne permet pas de penetrer, ou qu'il eut volontairement abdiqué le reste *in favorem*, ou par la voye d'une renonciation à l'ordinaire; toûjours de son propre aveu, ne s'est-il jamais crû le maître d'une Portion plus forte dans cette Terre, que de ce huitiéme, ce qui rendroit la question de la proximité de degré dans laquelle on n'est entré qu'à toutes fins bien indifferente, & acheve en tout cas de démontrer combien inutilement un Etranger, s'il faut le redire si souvent, tel que le Baron de Rahier, se flatteroit d'avoir plus de privilege que n'en auroient après cette reconnoissance péremptoire, les Enfans de Gerard de Duras même, quoyque Fils & Legataire universel de ce chef de Guillaume de Duras son Pere, s'il se pouvoit qu'il s'en presenta aujourd'huy quelques uns.

Après cela qu'il se retranche autant qu'il le voudra dans la prescription, dont il fait sa derniere ressource; cette exception que l'Empereur Justinian nomme à juste titre, *iniquum juris compendium, improbam temporis allegationem;* à la parcourir d'un bout à l'autre, ne luy sera pas d'un plus grand secours que tout le reste.

Il prétend la faire remonter jusqu'aux 29. Janvier 162[illegible]. & 15. Juin 1631. dattes de la Transaction & de l'Echange qu'il produit au Procés, pour prouver selon lui, qu'il falloit que les Heritiers de Salles fussent dès ces années les seuls Proprietaires de la Terre de Preiche à l'exclusion de ceux de Groesbeck, puisqu'il paroit par là qu'ils en avoient disposé entre eux à ces deux reprises; & l'on croit avoir fait voir au contraire que dans la pureté de l'ancienne Coûtume de Luxembourg, & suivant la clause même de reversion stipulée par le Contrat de mariage de Marguerite de Merode femme au Sieur de Zoëteren, la Succession noble de cette derniere ayant dû se repartir également entre les trois Maisons de Groesbeck, de Salles & de Roost, & rien n'ayant pû intervertir cet ordre tout ensemble, & naturel & legal; on ne devoit regarder en cet état cette Transaction & cet Echange, que comme des Piéces fabriquées à plaisir, indignes d'ailleurs par leur forme de toute croyance; en un mot de la nature de celles que réprouve Dumoulin dans l'endroit de son Commentaire sur la Coûtume de Paris précedemment cité, *art.* 8. *gloss.* 1. *verb.* Dénombrement *num.* 17. où il tranche pour remettre icy les termes de cet Auteur sous les yeux de la Cour, que *Scriptura privata scripta vel subscripta, ab* illo solo, *qui instrumentum producit à domo sua*, c'est notre espece, *non potest ullo casu, plusquàm vox sua.*

Mais disons plus, & qu'à prendre droit pour un moment par ces Actes, tous suspects & irréguliers qu'ils soient, encore en résulteroit-il plus qu'il ne faut pour croiser la consequence, que l'Intimé s'en propose; la raison en est toute simple, elle se tire du rapel que fait dans l'un & l'autre la Maison de Salles, des Groesbeck & des Roost, & des differentes précautions qu'elle y insere, en cas d'éviction de la part de ceux-cy : précautions qui formans par elles-mêmes autant de reconnoissances que la totalité de la chose ne luy apartenoit pas, eussent mis dans les véritables principes un obstacle perpetuel au progrés de la prescription, par cette seule réflexion, que si dans les longues possessions l'on présume ordinairement pour la validité du titre, sur lequel on la fonde cette présomption, la possession même cessent régulierement de militer, & s'évanoüissent lorsque ce Titre vient à paroître, & qu'il nous met à portée de juger, que l'on a possedé sciemment le bien d'autruy; d'où vient la maxime, *melius est non habere titulum, quam habere viciosum.*

Que si l'on ajoûte, que l'Arrêt de Malines fait une foy entiere, que les Groesbeck & les Salles ne discontinuerent pas d'être en litispendance sur la proprieté de la Terre en question, depuis 1612. jusqu'en 1645. qu'intervint cet Arrêt, qu'enfin les Salles croyoient alors eux-mêmes si peu en joüir propriétairement, qu'ils ne paroissent dans ce même Arrêt, qu'en qualité de garands de la vente qu'ils avoient fait aux Sieur & Dame de Zoëteren, de ce que leur en avoit donné Elisabeth premiere leur Tante; l'on rejettera d'autant plus volontiers cette premiere partie de l'objection de l'Intimé, qu'à passer sur tout ce que l'on a dit, il n'y auroit de 1624. où l'on raporte le commencement de cette joüissance prétenduë, jusqu'au decés si l'on le veut encore de Jean-Verner le dernier des Salles, arrivé en 1658. que trente-quatre ans, au-lieu de quarante, que demande la Coûtume en fait de prescription.

Quoiqu'on eut pû s'exempter d'entrer dans ce détail, puisqu'étant une fois constant entre les Parties, que la Ligne des Salles manqua entierement en 1658. en quelque qualité, & par quelque espace de tems qu'elle eut pû tenir la Terre de Preiche, il ne demeureroit pas moins positif à la vûë du seul Testament de Guillaume de Duras du 10. Novembre 1664. abstraction faite de tout le reste, que ce Guillaume de Duras ayant luy-même borné en pleine connoissance de cause & posterieurement à la mort de tous les Salles, ses prétentions sur cette Terre au huitiéme qui fut ajugé à ses Auteurs par l'Arrêt de Malines, il ne seroit de son aveu resté que la Maison de Groesbeck habile à succeder aux sept autres, & qui en eut été revêtuë de droit par la Régle generale qui est encore particuliere à la Coûtume de Luxembourg, titre 11. article 1. le mort saisi le vif son plus prochain héritier habile à luy succeder.

Si ce fait n'est pas même désormais susceptible de contredit, l'on a encore établi dans plus d'un endroit, & quand on ne l'auroit point fait, cela se sous entend, que les Créanciers qui ont pû joüir intermediairement, soit par l'effet d'une direction arrêtée entr'eux à l'extinction de la Branche des Salles, soit à la faveur des Sentences d'immission qu'ils obtinrent à l'exemple de Jean Osbourg & Anne Mathelin sa femme, n'ayans pû le faire, cette joüissance fut-elle même plus que centenaire, qu'au nom des Propriétaires que la Loi saisissoit du fond, il n'avoit pû courir par consequent contre ces mêmes Propriétaires; plus de fin de non-recevoir dans ce second interval que dans le premier.

Par quel privilegé l'Intimé voudroit-il cependant introduire icy une exception pour lui seul; & quel est son titre, un partage de Famille, on veut le croire, par lequel ses Freres lui abandonnent la Terre de Preiche, mais d'où dérive originairement cet abandon, de la Transaction du 20. Septembre 1700. par laquelle Anne-Marie de Duras qui s'étoit pourvûë contre la donation universelle qu'avoit extorqué d'Elle, Gilles-Ferdinand de Rahier son Mari au profit de la Famille du Sieur de Villers-aux-Tours son Frere, & Pere de l'Intimé, en reprenant la proprieté de tous ses Biens de Ligne, n'excepte de cette totalité qu'un huitiéme à Preiche, qu'elle laisse, *pro bono pacis*, à cette même Famille avec les sept autres qu'elle envelope un peu plus bas entre tous les Acquêts de sa Communauté, dans une seule & même destinée.

A suivre cette Transaction, Anne-Marie de Duras étoit donc elle-même convaincuë qu'elle ne pouvoit reputer au nombre de ses Propres que ce seul huitiéme, Gilles-Ferdinand son Mari lui avoit frayé le chemin de cet aveu dans le Procès produit, qu'il eut en 1688. & 1689. avec le nommé Schouman, au sujet de certaines dégradations faites à Preiche, & elle avoit d'ailleurs pour modelle de la conduite dans laquelle elle étoit resserrée sur ce point, le Testament de Guillaume de Duras son Pere pretendu, qui ne lui permettoit pas de porter ses vûës plus haut.

Ainsi à lui donner place entre les Duras de Merode, & à plus forte raison si l'on ose se flatter que sa filiation est très équivoque, ce seroit tout ce que l'Intimé pourroit avoir acquis incommutablement d'elle, que ce même huitiéme, si la Transaction du 20. Septembre 1700. étoit dans les regles, mais cet Acte peche par le deffaut du Transport qu'exige la Coûtume en fait de semblables aliénations pardevant le Justicier de la Mouvance, par l'article 2. du titre 6. de la Coûtume, & en ce cas celle-cy devenoit déja une simple engagere perpetuellement sujette à retrait aux termes de l'article 1. du titre 5. & par consequent imprescriptible suivant ceux de l'article 3. du titre 15.

Si ce huitiéme, quoique provenu des Duras, n'est qu'une Engagere; s'il n'est point de possession quelque longue qu'elle fut, qui pût en avoir acquis à l'Intimé la proprieté, que ne pensera-t'on point du reste dont la Ligne des Groesbeck a toûjours été saisie, & ne seroit-ce pas oublier le respect qu'on doit à la Cour, que de l'en entretenir plus long-tems, particulierement quand elle a sous les yeux le Transport pur & simple, que surprit du tout en 1685. de Jean Osbourg & Anne Mathelin, Gilles-Ferdinand de Rahier seul, & sans la participation de sa femme, ny qu'il y soit fait aucune mention de ses droits, & qui plus est, l'Arrêt joint à la

Production de l'Instance de Schouman du 21. Janvier 1689. qui préjuge en quelque sorte pour l'engagement general.

Dans ces circonstances quelles sont les Parties qui contestent, d'un coté une Héritiere legitime qui redemande l'héritage de ses Peres, & de l'autre un simple Cessionnaire des droits d'un Créancier Engagiste ; qui des deux préferera-t'on ; le choix n'est point douteux, & comment pourroit-il l'être ? lorsque ce Cessionnaire est au-dessus de tout évenement, par l'indemnité qu'il ne peut manquer d'obtenir de sa Famille ; ce n'est donc qu'une vaine opiniâtreté, un vil esprit de lucre qui l'agitent, tandis qu'il voudroit faire courir à l'Apellante le risque de tout perdre ; motifs odieux, qu'elle a désarmé cent fois, par les offres de rembourcer le prix de l'Engagement, offres satisfactoires s'il en fut, & qui le rendent désormais sans qualité, sans interêt.

Les Conclusions sont, à ce que l'Intimé ait à se désister au profit de l'Apellante de la Terre de Preiche, apartenances & dépendances, même des Dixmes de Mameren, au contenu du Transport fait à Gilles-Ferdinand de Rahier son Oncle, le 9. Juillet 1685. par Jean Osbourg & Anne Mathelin sa femme, anciens Engagistes du tout ; aux offres de luy rembourcer tout ce qui pourra exceder du prix de l'Engagement, après le Compte des Fruits qu'il sera pareillement condamné de rendre à l'Apellante, aux termes de la Sentence d'Immission obtenuë par ledit Osbourg & sa Femme, & leurs Auteurs, qui portent qu'ils ne joüiront que jusqu'à rata de dû, avec dépens de Cause Principale & d'Apel.

Monsieur FLAVIGNY DE VIGNY, Rap.

M. HUSSENOT, Avocat.

Me. MORELLE, Procureur.

TRANSPORT,

Pris par GILLES FERDINAND BARON DE RAHIER, *le 9 Juillet* 1685. *des droits de* JEAN OSBOURG & ANNE MATHELIN *sa femme, Créanciers Engagiste de la Terre de Preiche, ses apartenances & dépendances, & Dîmes de Mameren.*

ONNU & notoire soit à tous & un chacun, à qui ces Présentes parviendront, que cejourd'huy neuviéme de Juillet 1685. Pardevant moy Notaire soussigné Laurent de Belva, Substitut Greffier du Conseil Provincial de Luxembourg & Notaire publique, en presence des Témoins cy-bas dénommés, sont personnellement comparus le Sieur Jean Osbourg, Echevin de cette Ville de Luxembourg, & Damoiselle Elisabeth Mathelin Conjoints, lesquels nous ont dit & déclarés d'avoir cedés & transportez comme par & en vertu des Présentes ils cedent & transportent à Messire Gilles Ferdinand Baron de Rahier, Seigneur d'Izier, Pusset & Daivan, Potestat & Officier Hautain de la Principauté de Stavelot, &c. icy aussi present & acceptant certaine Obligation du 23. d'Août 1623. que les Autheurs des premiers Comparans ont eû à la charge du feu Seigneur Baron de Sales, pour la somme capitale de six mille d'Allers Luxembourgeois, avec les Arrérages écheus du jour de la datte d'icelle Obligation, affectez sur la Seigneurie de Preische, Dixmes de Mameren & autres ses appendances & dépendances, jusques à l'immission esdites Seigneuries & Biens, & ce au moyen & parmy la somme de quatre mille Pattacons, moyennant laquelle somme les premiers Comparans ont cedés & transportés audit Seigneur Baron de Rahier, ses Hoirs & ayans Cause, tous tels droits, clains, actions & prétentions qu'ils peuvent avoir en ladite Seigneurie de Preiche, Dixmes de Mameren, ses dépendances & appartenances, en vertu de Sentence de cedit Conseil du septiéme Juillet 1629. de celle de Malines du douziéme Février 1667. & des exécutorielles y relaxées le vingtiéme Août ensuivant, & de l'immission y faite, comme aussi toutes telles parties & portions que feu le Sieur Martin Mathelin & ladite Demoiselle Elisabeth Mathelin peuvent avoir acquis de leurs Comparçonniers & Co-héritiers à ladite somme capitale de six mille d'Allers & interêts arrierrez, jusques à la datte de cette & frais du Procés, bien entendu que ledit Seigneur Baron de Rahier fera le payement de ladite somme de quatre mille Pattacons en la maniere suivante; sçavoir cinq cens Pattacons endeans un mois de la datte des Présentes, comptables à Stavelot & à Liege, & trois mille & cinq cens Pattacons restans payables audit Lieu à la Fête de Noël prochain, qu'alors iceluy Seigneur Baron de Rahier entrera en la réelle & actuelle possession de ladite Seigneurie de Preiche, Dixmes de Mameren & dépendances & appartenances, & parmy ce tous tels Procés & differens qui pourroient être suscitez & intentez entre les Parties respectivement comparantes & acceptantes seront annullez & annéantis, étant aussi icy conditionné & reservé que ledit Sieur Osbourg & la Demoiselle sa Compagne profiteront l'Hyver prochain des Fourages, Pailles & Grains crûs pendant cette Esté sur ladite Seigneurie de Preiche, & qu'ils seront obligés de faire cultiver & ensemmer les Terres dudit Preiche l'Automne prochain au profit dudit Seigneur Baron de Rahier, lequel néanmoins fournira les Grains & Semailles, & que lesdits quatre mille Pattacons seront employez à l'acquit & extinction des dettes passives contractées pendant le Mariage de ladite Demoiselle Elisabeth Mathelin, & que ledit Seigneur Baron de Rahier profitera & tirera à leur exclusion les rentes & revenus écheans en ladite Seigneurie, dés la datte de cette, & que ledit Sr. Osbourg & Demoiselle Mathelin luy remettront en mains en lieu de garandise tous tels Titres & Documens concernans ladite Seigneurie & Biens en dépendans qu'ils peuvent avoir en leur pouvoir, avec l'Obligation originelle de six mille d'Allers & des Acquests qu'ils en ont fait de leurs Co-héritiers & Comparçonniers, le tout fidelement, léalement, à quoy lesdites Parties respectives se soûmettant à condamnation volontaire de Messeigneurs du Parlement de Metz, à l'entiere observation & entretenement de tout ce que dessus, comme si ainsi fut été declaré en Jugement contradictoire, authorisans tous Porteurs de la Présente ou de la Copie authentique pour en demander l'émologation, promettant de tenir bon, ferme & stable tout ce que par eux sera agy en ce regard, sous obligation respective de tous leurs Biens, Meubles & Immeubles, en foy & corroboration de tout ce que dessus, lesdits Comparans ont signé cette en presence des Sieurs Pierre Witten, Docteur en Médecine de cette Ville, & de Laurent le Jœune, Licentié en Droit & Avocat de ce Conseil comme Témoins, au premis spécialement requis & appellez, qui ont pareillement signez quant & moy Notaire susdit: Ainsi fait & passé à Luxembourg les jour, mois & an que dessus, étoit signé à la Minutte originelle, JEAN D'OSBOURG; ELISABETH MATHELIN; LE BARON DE RAHIER D'IZIER; P. WITTEN; L. LE JOEUNE, & plus bas: *In fidem ut requisitus* L. DE BELVA, *Notarius publicus*, 1685. & encore plus bas étoit, *quod attestor* L. DE BELVA, *Notarius publicus*. 1685.

Pour Copie authentique tirée sur celle collationnée par feu le Sieur DE BELVA, Notaire de S. M. C. à l'Original par luy reçû & y trouvée conforme, par moy Notaire de S. M. I. & C. à Luxembourg, soussigné,

F. PIERRET, Notarius.

NOUS Haut-Justicier & Eschevins de la Ville de Luxembourg, Certifions à tous qu'il appartiendra, que Me. François Pierret qui a authentiqué la Copie cy-dessus, est Notaire publique, résident en cette Ville, & que pleine & entiere foy & croyance est attribuée à tous Actes par luy signez en cette qualité, tant en Jugement que hors iceluy. Fait à Luxembourg ou le Papier Timbré n'est pas en usage, le 29. Decembre 1731. sous le Scel ordinaire de ladite Ville & la signature de notre Greffier.

GERBER.

www.ingramcontent.com/pod-product-compliance
Ingram Content Group UK Ltd.
Pitfield, Milton Keynes, MK11 3LW, UK
UKHW012119240726
13965UKWH00005B/1846

9 782013 084680